U0594967

现代高职教育管理与实践研究

李娜娅◎著

吉林出版集团股份有限公司｜全国百佳图书出版单位

图书在版编目（CIP）数据

现代高职教育管理与实践研究 / 李娜娅著. -- 长春:
吉林出版集团股份有限公司, 2022.10

ISBN 978-7-5731-2613-9

Ⅰ.①现… Ⅱ.①李… Ⅲ.①高等职业教育—教学管
理—研究 Ⅳ.①G718.5

中国国家版本馆CIP数据核字(2023)第035046号

现代高职教育管理与实践研究

XIANDAI GAOZHI JIAOYU GUANLI YU SHIJIAN YUANJIU

著　　者 / 李娜娅

责任编辑 / 蔡宏浩

封面设计 / 清　清

开　　本 / 787mm×1092mm 1/16

字　　数 / 130 千字

印　　张 / 8.25

版　　次 / 2022 年 10 月第 1 版

印　　次 / 2023 年 8 月第 1 次印刷

出　　版 / 吉林出版集团股份有限公司

发　　行 / 吉林音像出版社有限责任公司

地　　址 / 长春市福祉大路 5788 号

电　　话 / 0431-81629667

印　　刷 / 吉林省信诚印刷有限公司

ISBN　978-7-5731-2613-9　　　　定　　价 / 55.00 元

前　言

　　高职作为人才培养的摇篮，承担着人才培养、科学研究和知识创新等重要工作，而高职的教育管理工作又是联系高职教学过程中教师的教与学生的学各个环节的枢纽和桥梁，在高职教育活动中具有举足轻重的地位。随着我国高职教育的快速发展，高职教育教学及其管理工作的逐步深化，高职教育教学管理工作无论是在思想观念，还是在管理方式、方法上都正在经历巨大的变革。因此，必须不断优化教育教学管理，进而满足新时期发展对教学管理工作的新要求。

　　本书共分为六章：第一章论述了高职教育管理的概念、特点等基础理论；第二章对高职教育管理的价值进行了分析；第三章确立了高职教育管理的原则以及原则的应用；第四章对现代高职教育管理的创新理念进行了分析，为下文的管理做好铺垫；第五章对高职的教学管理中的课程、专业建设等内容进行了具体分析；第六章论述了高职教师的职责和管理发展。

　　在本书的策划和编写过程中，曾参阅了国内外有关的大量文献和资料，从其中得到启示；同时也得到了有关领导、同事、朋友及学生的大力支持与帮助，在此致以衷心的感谢。本书的选材和编写还有一些不尽如人意的地方，加上编者学识水平和时间所限，书中难免存在缺点，敬请同行专家及读者指正，以便进一步完善提高。

目 录

第一章 高职教育管理概述 ·· 1

第一节 高职教育管理的概念 ······································ 1

第二节 高职教育管理的本质 ······································ 6

第三节 高职教育管理的属性 ······································ 15

第四节 高职教育管理的特点 ······································ 20

第二章 高职教育管理的价值 ·· 24

第一节 高职教育管理的效率价值 ······················ 24

第二节 高职教育管理的秩序价值 ······················ 33

第三节 高职教育管理的民主价值 ······················ 42

第三章 高校教育的管理原则 ·· 49

第一节 高职教育管理原则的确立 ······················ 49

第二节 高职教育管理的基本原则 ······················ 53

第三节 高职教育管理原则的应用 ······················ 59

第四章 高职教育管理的创新理念 ·································· 62

第一节 坚持创新理念 ·· 62

第二节 把握职能定位 ·· 66

第三节 构建权力结构 ·· 69

第四节 保障运行机制 ·· 72

第五章　高职的教育教学管理 ·························· 77

第一节　教学管理的基础 ·························· 77

第二节　高职专业、课程建设与管理 ············ 83

第三节　高职教育质量监控管理体系 ············ 93

第六章　高职教师的管理 ·························· 103

第一节　高职教师职业的性质与特点 ············ 103

第二节　高职教师的职责和基本要求 ············ 107

第三节　高职教师应具备的素质 ·················· 112

第四节　高职教师队伍的建设和发展 ············ 117

参考文献 ·························· 123

第一章 高职教育管理概述

第一节 高职教育管理的概念

一、管理的一般概念

管理一般是指在特定的环境下，对组织所拥有的资源进行有效的计划、组织、领导和控制，以便完成既定的组织目标的过程。我们在学科体系的理论研究中也提到过，管理是人们依据社会发展的客观规律和在特定历史条件下对各种规律的表现方式进行有意识地调节社会系统内外的各种关系和资源，以便达到既定的系统目标的过程。很显然，这两个方面的表述并不矛盾，只是表述的方式稍有差别而已。前面的表述直接一些，比较简练直观；后面的表述比较宏观一些，从社会系统的角度和方法进行表述。

这一表述的含义包括以下三个方面：①管理是为实现组织目标服务的，是一个有意识的、有目的的活动过程。管理是任何组织不可或缺的，但绝不是孤立存在的。只要有组织及其活动，就存在管理问题。就管理本身而言，管理不具有自己的目标，不存在为管理而管理，没有活动也就不存在管理问题，管理是依附于活动而存在的，组织活动的目标就是管理的目标，而管理是服务于组织目标的。②管理活动是通过一系列相互关联的资源要素所进行的，管理工作就是要综合运用组织中的各种资源要素，通过计划、组织、控制等来实现组织目标，达到活动的目的效果，这就成为管理的基本职能。③从管理本身来讲，管理活动应该按照自己的规律进行，但是，现实管理活动中的资源并不是孤立存在的，管理工作是在一定环境条件下进行的，管理是一种社会活动，有效的管理必须充分考虑组织的特定环境。

"一般管理理论"最早诞生在法国。当泰勒及其追随者正在美国研究和倡导生产作业现场的科学管理原理和方法的时候，大西洋彼岸的法国诞生了组织管理的理论，被后人称之为"一般管理理论"或者"组织管理理论"。与泰勒主要研究基层作业的管理理论不同的是，"一般管理理论"是站在高层管理者的角度研究组织管理问题，在此基础上，现代管理理论的研究发展很快，形成了许多管理的经典理论和理论体系。根据研究管理的对象不同，可分为广义的管理和狭义的管理。广义的管理可以是针对大自然中万事万物的管理。狭义的管理只是针对某项具体活动，以及这些活动中的资源所进行的计划、组织、领导、控制。一般我们研究的管理是指狭义的管理，是指组织管理、行为管理、活动的管理。活动的结果，实际上是人的能动性的结果，管理的实质是人，是管理者与被管理者之间发生的矛盾的解决。既然这样，那么，管理就是管理者、被管理者、事项三方形成的特定的活动。

对于管理的分类，现代管理一般可以从多个方面来进行划分。一是从活动的规模与大小可以分为宏观管理和微观管理；二是从具体的活动的内容可以分为综合管理和专项管理。另外，从管理的形式上，又可以分为紧密管理和松散管理。当然，这些区分也只是相对的。

二、管理的基本理论

管理的基本理论有很多，特别是随着现代社会的发展，人们的认识水平不断提高，社会活动不断丰富，社会财富与利益驱动机制更加强烈，新的管理理论在创新、在发展。而系统管理理论、人本管理理论、目标管理理论、标准化管理理论、组织管理理论、模糊管理理论、混合管理理论等只是众多管理理论中的一部分，它们既是管理的理论，也是管理的思想和方法。

（一）系统管理理论

系统管理理论指出，管理的任务就是协调系统中的各个子系统及系统要素，以保持系统的动态平衡，取得系统最佳运行效果。这种管理理论及其方法的核心是把管理作为一个整体的系统，系统就要有系统要素，系统要素就是人、物、活动及其项目。这种管理理论和方法一般应用在大的军事战略、建设工程、大型活动（内容复杂、组织规模大、投入量大、长时间与长周期）上较为合适，当然，这些也只是相对的，因为大和小本身就是相对的。

（二）人本管理理论

人本管理理论和方法是以人为中心的管理，实际上，这种管理理论与方法是最难以做好的，如果把握不好，甚至有时候还会出现偏颇。有效的人本管理实质是人的权力的利用和利益的分配，在这种过程中，既要尊重人，又要让人的潜能充分发挥，是一对很特殊的矛盾，往往有时候存在两难的情况。以人为本的管理目的就是发掘人的最大潜能，这种潜能并不完全是指被管理者的，同时也包括管理者，管理者的潜能是工作的积极性和表现出来的工作效益，被管理者的潜能是管理者的思想和艺术施加结果的体现，二者的结合才能达到管理的最大效果。人本管理理论虽然是一个相对比较早的管理理论，但是在实践中成熟应用的并不是很多很好。究其原因，传统的、单纯的人本管理理论十分强调管理的"人"的素质，可以说，低素质的人是绝对运用不好人本管理理论的，一个管不好自己的人同样也是管理不好别人的，更不用说有效地运用好人本管理理论了。不过，现代的人本管理理论加入了一些新的元素，在人本管理中加入制度管理，人本管理加制度管理，形成一种新的意义上的人本管理理论，可以说是现代的人本管理理论的发展。

（三）目标管理理论

目标管理理论和方法是一种与利益相关联的刚性管理模式。这种管理理论和方法实际上是与价值理论密切相关的，甚至可以说是以价值理论为基础的。要有一个预先设置的价值目标，然后以这种价值目标的实现为核心而展开的管理活动。价值目标的认同是关键，是目标管理的前提。价值目标的确立也是十分重要的，价值目标必须通过全体成员认同，目标管理理论强调组织目标的制定要得到所有组织成员的认同，没有认同感的组织目标是不切实际的目标，是难以达到组织目标的。有人说目标管理只注重结果，这是十分错误的。最新的目标管理理论不仅注重管理活动的一头一尾，除了最先确定价值目标、最终对完成价值目标的检验结果外，还对过程实施严格监督，让目标按既定的计划完成。不要等到问题成了堆，最后出现一个很糟糕的结果。既成事实不是目标管理的目的，要让管理者与被管理者通过共同的努力，一步一步向既定目标靠近。实现以价值目标为中心而组织的目标管理活动，是一种刚性的量化管理，因此执行也是刚性的。目标管理理论除了注重价值目标外，具体的应用还有一个公平理论问题，这是由目标管理理论的刚性所决定的。

（四）标准化管理理论

这种管理理论和方法是在专业化管理的基础上，由管理者组织专家制定管理的标准，要通过一定的法律法规程序予以确定。这种管理的思想十分明确，最朴素的道理就是"没有规矩不能成方圆"。标准化管理虽然是组织和专家行为，但标准并不是武断的和空穴来风，既要有权威性，又要有社会基础和群众基础，通过科学的过程来制定。在这一过程中有两个十分重要的环节，第一个环节是标准的制定；另一个是标准的执行。第二个环节是标准化管理的要害，有时候可能还是成败的关键。在管理活动中，有了标准不好好地执行，或者执行起来走样，必将导致标准化管理的全面失败。当然，这不是标准化本身的问题，是实施标准化管理的实践问题。

（五）组织管理理论

组织管理理论和方法的实质是最高决策层通过设置管理的各级组织，规定各级组织的职能，通过领导核心、组织授权、组织实施等进行的管理。组织管理的重点是组织结构的设计，关键是组织职能的授权。同时，也有人把它归结到组织的层级管理理论、组织的能级管理理论、组织的行为管理理论。组织管理理论要有严密的组织结构，要有明确的组织目标和组织功能，还要有一套有效的组织运作机制。否则，再好的科学组织，再完善的组织功能，没有好的运作机制它不可能活起来，甚至还导致组织管理活动不可能有效地展开。

（六）模糊管理理论

这是一种现代的管理思想和方法，特别是在软管理方面，运用模糊数学的管理思想与技术进行管理。这是一种在高层次的人群中实施的行为管理，是一种软性管理。简单管理没有必要运用模糊管理，一般是在复杂的、庞大的、中长周期的、高智商的管理活动中实施。

实际上，通常在组织活动中，特别是比较大的组织系统中，运用比较多的是混合管理模式。混合管理是多种管理思想和方法的组合，在规模比较大的大型组织中，管理的内容比较复杂，头绪又很多，多种活动项目的性质差距较大，运用某一种方式来进行全盘的统领往往是不可能的，这就需要运用混合管理的理论和方法来完成。

三、高职教育管理概念

高职教育管理是根据高职教育的目的和发展规律，调配高职教育资源，调节高职教育系统内外的各种关系，进行有效的计划、组织、领导和控制，以便达到既定的高职教育系统目标的过程。这是一般高职教育管理的定义。

从教育管理的层面上讲，高职教育是中等教育基础之上的教育，因此，它是指从管理

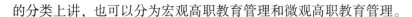

的分类上讲，也可以分为宏观高职教育管理和微观高职教育管理。

从管理的内容上讲，可以分为宏观高职教育管理中的战略规划管理、宏观调控管理，微观高职教育管理中教育组织内部具体的教育管理活动。从定义分析，高职教育管理具有下述三层含义：

（一）高职教育管理的依据

高职教育管理的概念首先指明了高职教育管理活动的依据是高职教育的目的和发展规律。高职教育的目的是为社会提供各级各类的高级专门人才，各级各类高级专门人才的教育是指：在类别上为普通高职教育，成人高职教育；在性质上为公办高职教育，民办高职教育；在层次上为专科教育，本科教育，研究生教育。这些教育的目的和目标是管理的根本依据。高职教育受到学生身心发展的影响，通过德育、智育、体育、美育等过程，培养全面发展的人，只有把人作为社会关系的总和来看待，才能对人的发展有全面的理解。因此，各级各类教育过程都有其自身的客观内在规律，只有正确认识它们的客观规律，才能实施科学的管理。高职教育必须受到一定社会的经济、政治、文化制约，并为经济、政治、文化发展服务。因此，生产力和科学技术的发展水平，社会的制度、文化传统都对高职教育活动产生制约；无论是国家宏观的高职教育发展政策的制定，还是高等学校培养人的过程，都必须遵循高职教育的目的和高职教育发展的客观规律。这也是高职教育管理的出发点。

（二）高职教育管理的任务

高职教育管理的概念指出了高职教育管理的任务，这就是有意识地调节高职教育系统内外各种关系和高职教育资源，以适应高职教育系统发展的客观规律。从一个国家或者地区来讲，高职教育系统是国家或者地区社会系统中的一个子系统；从高职教育组织系统来讲，高等学校也是一个社会子系统。由于系统中存在着多种矛盾，因此，高职教育管理的任务就是协调并最终解决系统中存在的矛盾。在高职教育管理中，要用系统论的眼光来设计高职教育的整体和各部分之间、要素与要素之间、学校系统与外部环境之间、学校系统内部子系统之间的相互关系，树立整体的观念，并通过有效的管理实现系统要素间的整体优化。

（三）高职教育管理的目的

高职教育管理的概念还指明了高职教育管理的结果是不断促成高职教育系统目标的实

现。高职教育管理的目的最终也只是高职教育目的的一种辅助性（工具性）目的。在高职教育系统中，培养人的目的是高职教育的根本目的，高职教育系统的一切工作（包括管理工作）都必须围绕这一目的展开，对高职教育系统中各种关系和资源的协调构成了高职教育管理的目的，它的目的是通过有效的管理，确保高职教育实质性目的的实现。因此，高职教育管理最终也只能是手段。当然，由于高职教育管理有其自身的需要，其自身也有目的，如效率就是管理的目的之一，但它是通过有效的管理来保证高职教育目的有效实现的。

综上所述，不论是宏观的高职教育管理，还是微观的高职教育管理，所依据的都是国家的教育方针，组织的发展目标，活动的游戏规则，高职教育的基本规律，社会政治、经济、文化的发展背景与环境，通过立法、行政、经济、市场等手段进行协调和控制，保证高职教育人才培养质量、推动科学文化知识创新、促进社会进步等目标的实现，最终实现高职教育的可持续发展。

第二节　高职教育管理的本质

一、高职教育管理的行为

（一）管理行为

管理活动中的行为具有其特殊的表现形式，它是管理过程和效果的具体体现，过程和效果反映了管理活动的基本特征，那么，要认识管理的这些过程及效果，必须首先分析管理行为，以及这些行为与效果有什么关系。

基于人们对领导者的一种要求，即不仅要关心生产而且要关心人的重要意义，他们巧妙地设计了一个方格图以醒目地表示这种"关心"。

把这种方格图作为训练主管人员和明确各种领导方式之间不同组合的手段，这种方格有两个维度，横向维度是"对生产的关心"，纵向维度是"对人的关心"。

"对生产的关心"一般认为是对工作所持的态度，诸如政策决定的质量、程序与过程、研究的创造性、职能人员的服务质量、工作效率及产品质量等。

"对人的关心"也包括许多因素，诸如个人对实现目标所承担的责任、保持下属的自尊、建立在信任而非顺从基础上的职责、保持良好的工作环境及具有满意的人际关系等。

有人列出了以下几种类型的领导方式：

1. 贫乏的管理

为完成工作和保持组织士气所需要的最低限度的努力。这种领导者对职工、对生产关心很不够，只以最少的努力去完成应做的工作。这种管理是很少见的。

2. 权威与服从管理

以几乎不考虑人的因素影响的方式安排工作，获取效率。领导者只关心生产，试图把人的因素降低到最低程度，以达到完成生产任务、提高效率的目的。

3. 乡村俱乐部管理

周到地注意人们的需要，以达到友善和舒畅的组织气氛与工作进度。领导者非常注重职工的需要，注意建立良好的人际关系。这种领导者认为，只要职工心情舒畅，生产就能搞好，因此，他们会试图通过创造良好的工作环境、良好的人际关系来提高工作效率。

4. 协作管理

这是一种松散的管理模式，是以一种协作者的心态，工作由所委任的人完成，他们因在组织目标上有共同利害关系而互相依赖、互相信任和尊重，并且相互协作。

根据管理方格的概念，领导者可以对自己的行为做出评价。但是它并不告诉我们，为什么一名领导者会处于方格图中的此处或彼处。需要指出的是，"最好的"方式也只是从理论上说的，要领导者都成为理论上的人也是困难的，每个领导者都应根据不同的环境和因素，选择不同的管理方式和管理行为。

（二）行为类型

在教育行政管理中，将管理内容大致分为两类：一类是创建组织机构的行为（为了实现组织的目标）；二是体贴关心下属的行为。创建组织机构的行为是指领导者在描述自己与集体成员之间的关系时，致力于建立被充分限定的组织的类型、建立信息交流渠道及具体实施过程中的所作所为。这主要包括领导者为实现组织目标而与下属的各种相互作用，让下属了解自己的意图和态度；与下属一起实验或实施自己的新想法和新计划；指定下属去完成某些特定的任务；对工作进行检查和评价；制定推行某些标准、制度和规范；促进下属之间的相互合作等。体贴关心下属的行为是指领导者在与下属的相互关系中表示友谊、相互信任和尊重、温暖、支持、帮助及合作的行为。对下属表示理解与支持；愿意倾听下属的意见；关心下属的个人利益；尽量与下属讨论商量问题，让他们参与组织计划；平等公正地对待下属；乐意进行改革；及时将下属的建议付诸实施等。

（三）高职教育管理中的领导行为

高职教育管理中的领导行为是一种主要的管理行为。这种管理行为同样地可以分为两类：创建组织机构的行为和体贴关心下属的行为。高职教育的领导行为所针对的组织系统、组织目标、组织成员、人际关系等都有自己的特殊性，与其他许多社会系统的情况有所不同。比如，高等学校这一层次的管理中，领导者要全力完成的是教学与科研任务，两者又以人才的培养为核心。但是要搞好教学与科研工作，领导者还必须抓好有关的后勤配套工作，需要从各方面关心支持第一线的教学、科研人员。这就是上面所讲的两类领导行为。从理论上讲，领导者可以调整自己的行为，以适应某一特定的环境和任务。在实践中，领导者不能也不应该只关注某一类行为，而应当根据具体情况决定采取什么样的领导行为。当然，在这种时候，领导艺术是帮助领导者取得成功的必备之物。在宏观高职教育管理中，国家和地方政府对高职教育组织，即高等学校的管理，其中之一就是规范高职教育组织中领导的办学行为，既要按照国家的政策规范办学，又要办出各自学校的特色，这既是矛盾的，又是统一的，最终的目标是一致的。具体来讲，在完成高职教育目标的过程中，各级领导者为实现目标而履行领导的职责时，其关注的行为领域主要有下述几种：

1. 行政领导者的行为

它主要包括各级领导者或管理者作为负责人行使领导职责时的行为。领导者的职责就是对目标的实现或目标的改变所需的集体活动进行激励、协调与指导。如果不能做到这一点，那就是对领导责任的放弃。对高职教育系统来说，系统的目标是非常明确的，教育部对国务院负责，各省市教育行政主管部门的行政首长对省市党委和首长负责。一般来讲，到了高职教育组织这一层面，组织领导者的行为要对高职教育主管部门负责。各高职教育组织的领导，围绕着高职教育系统目标进行的活动，在形式和内容上各有特色，即使是同一专业、同一课程的教学活动，在各校之间也是不完全一样的，更由于各校的教师、学生在知识水平、能力结构、兴趣爱好、心理需要及性格特征、校园文化等方面存在着明显的差异，各高等学校的领导者为完成组织目标而行使领导职责时，所面临的环境条件就各不相同，所采取的领导行为当然也是不相同的。

2. 组织集体中的领导行为

这是指高职教育系统中的各级领导者，要为组织目标的顺利实现创造各种各样的条件。对于组织目标的顺利实现而言,领导者的行为所具有的作用分为直接作用和间接作用两个方面。直接作用包括:创建某些专门的组织机构和程序,指定专门的人选去负责完成某项或某方面的工作,对下属的工作进行检查与督促,聘请某一方面的专家能人等。间接作用包括:不直接参与各类具体的计划,但对计划的制订及实施过程施加各种形式的影响。譬如,提倡某种领导风格、实施某种奖惩措施、颁布某类晋升标准等做法都会对各项具体工作的开展产生重大影响,虽然领导者尤其是高层领导者没有直接插手具体工作,换句话说,领导者的行为也许可能不会对某些特定的具体活动产生影响(即起直接作用),但却对这些活动顺利开展并取得成功所依赖和借助的各种组织机构、过程和程序产生了影响。例如,各级政府中的教育行政领导,也许并不过问每所高等学校具体的教学和科研工作,但必须对高等学校培养人才的方向、规格、基本途径、办学思想等进行指导;大学校长也许并不一定过问某一门课程或某一堂课的具体教学活动及其效果,但他可以影响某个院(系)及教务部门在课程安排上的指导思想,影响该院(系)的课程计划或课程体系的目标,从而在某种形式上对各门课的教学活动及其效果产生一定的影响。有时候组织集体中的领导行为是无形的,有时候是起直接影响作用的,或者是干扰性作用的,因为领导的影响行为是权威性的。所以,领导行为应该是分层的、积极的、适度的、有效的。所谓分层,就是指各级的领导行为是有区别的,上一级的领导不能做下一级领导的事,否则就是越级行为。领导行为的积极性是讲领导的行为对于组织的作用是正面的,不要产生负面影响;否则,领导的行为肯定是错误的行为。领导行为的适度不分哪一级,哪一级领导的行为都必须要有一个度,超过了这个度,可能适得其反。有效的领导行为对管理活动产生好的影响,有效的领导行为是与管理活动的结果相辅相成的,有效与否,由结果来检验。

二、高职教育管理的本质

高职教育系统相对于其他社会系统有其独特的活动主体和活动目标,这就使高职教育管理同其他社会系统的管理区别开来,表现出它的特殊性。高职教育的总目标是:培养高级专门人才和发展科学技术文化并与社会经济发展需要相适应。高职教育管理活动就是要在总目标的指导下,把对高职教育系统的战略规划、资源调配通过制度和机制进行协调。高职教育管理的本质就是协调高职教育系统有限资源的投入与高效益地实现高职教育总目标的矛盾。

无论高职教育有多么复杂,无论把高职教育系统分解为怎样的子系统,高职教育系统都必然要求各子系统在目标上协调一致。不仅要求每个子系统的目标与整体目标相协调一致，也要求每个子系统的目标与自己内部组织成员的个体目标相互协调。更重要的是，每个系统的目标与实现这些目标的条件之间需要相互协调，这就形成了管理活动的整体性和普遍性，即每个系统都需要协调。高职教育系统内部的等级层次性导致了高职教育管理活动也具有层次性，这就形成了一个多层的、多级的、专门的分系统，即集合成高职教育的管理系统。协调就是蕴含于各个子系统之间，对各个子系统的目标进行设计，筹集和分配资源，分析系统的活动信息，即通过政策、制度和一些技术手段等协调系统成员的活动，以达到系统所设计的目标。从事这些专门活动的管理人员（或称管理者）的活动所构成的有机整体就是管理系统。

马克思对"管理"曾有过精辟的论述："一切规模较大的直接社会劳动或共同劳动都或多或少地需要指挥，以协调个人的活动，并执行生产总体的运动（不同于这一总体的独立器官的运动）所产生的各种职能。一个单独的提琴手是自己指挥自己，一个乐队就需要一个指挥家来指挥乐队。"马克思的这一段话，揭示了管理协调所包含的以下几个含义：①管理是集体协作劳动的共同需要，即"或多或少地需要指挥"；②管理必然有管理者，管理协作的对象主要是组织及其成员；③管理是执行生产总体运行所产生的各种职能；④管理的职能主要是指挥和协调他人的活动，同时把自己也处于管理活动之中，以取得成效；⑤管理的目的是取得比"各个独立的运动"之和更大的效益。

管理活动的普遍性（指管理活动作为人类活动的一个重要方面）普遍存在于所构成的各种组织机构中。专门管理者的出现体现出社会系统在结构层次上的性质，表明个人在社会系统中具有的不同位置、作用和性质。管理活动中人是管理的主体，权力是管理系统赖以存在的基础，权力对人的活动的约束性使人们按一定的方式组织起来，以便实现系统的整体目标，也在一定程度上体现了权力在协调中的作用。协调或称调节是指调整或改善高等学校与校外及校内各部门或成员之间各方面的关系。就一个国家和地区来讲，高职教育放到社会的大背景中，与社会的政治、经济、文化的发展相适应，如果不相适应，就必须进行协调。就高职教育的组织——学校来说，它是高职教育系统中的子系统，学校组织的类型因区域的差别、体制的差别、机制的差异、管理者的差异等出现差异，存在着的矛盾是多种多样的，有总体目标与部分目标、长期规划与近期打算、整体利益与部门利益、组织利益与个人利益之间的矛盾，这些矛盾如果不加以协调和解决，就会影响高职教育系统的运行和发展，也会影响局等教育效益的最优化。高职教育的协调任务与高职教育管理的本质要求是相一致的，体现了高职教育管理的基本矛盾和本质特征。作为高等学校的管理者，应通过领导的权威性和艺术性来调配和协调组织内部的各种资源，实施有效的管理。

了解管理活动中冲突的本质才能对症下药进行协调。冲突是指由于工作群体或个人试图满足自身需要而使另一工作群体或个人受到挫折的社会心理现象。冲突表现为双方的观点、需要、欲望、利益或要求不相容而引起的一种激烈斗争。冲突是人类社会的一种普遍现象，它具有有利和有害两种结果。从有利的方面看，冲突的解决能促进组织的发展，可以增强干劲，形成一种激励力量，它还能促进交流，诱发创新。从有害的方面看，冲突使人产生情绪压力，影响人的身心健康，剧烈冲突带来的破坏作用会浪费资源，不及时解决冲突会影响组织运转，破坏组织目标的实现。因此，必须探讨冲突产生的根源及其解决途径和方法，便于协调。

　　一般地说，在集体组织成员之中总是存在许多不一致，其中，某些不一致可能上升为矛盾（程度不一的矛盾），这些矛盾关系中比较激烈的便会转变为明显或不明显的冲突。冲突一般分为三种类型：第一类是认知性冲突。由信息因素、知识因素、价值观因素等引起的冲突都属于认知性冲突。这种冲突随着双方认识趋于一致就能得到缓和与克服。第二类是感情性冲突。这是一种由非理性因素引起并为这种非理性因素所控制的冲突，也可能是由认知性因素所诱发，最后为非理性因素所支配的冲突。个性相抵是这种冲突最常见的诱因，它持续时间长，破坏性大。第三类是利益性冲突。这是一种由本位因素引起的目标冲突。社会中的个人和群体在处理问题时所关心的利益不同，从本位出发就可能引发矛盾和冲突，伴随利益的再分配，这种冲突可以克服。在日常的社会活动中，随处存在可能导致冲突的根源，一旦有了起因，这种潜在的冲突随时就会转变为现实的冲突。

　　产生冲突一般有以下原因：①人的"个性"。从人的本性讲，不满情绪积累到一定程度就会形成冲突，需要有适度的发泄。②有限的资源争夺。资源在一所高等学校总是有限的，而需要却是无限的，为争夺有限的资源而产生的冲突在所难免。③价值观和利益的冲突。不同经历的人价值观容易形成冲突，部门和个人都可能因利益而形成冲突。④角色冲突。由于个人和群体所承担的角色不同，而不同的角色都有其特定的任务和职责，从而产生不同的需要和利益，因而发生冲突。⑤追逐权力，是一种权力欲望的争夺。⑥职责规范不清楚，导致对任务的要求产生冲突。⑦组织的变动。组织的变动会导致利益的重新组合而产生冲突。⑧组织风气不佳。如领导的矛盾和派系"传染"给整个组织而形成的冲突。

　　单从冲突的结果看，无外乎三种可能：一胜一败、两败俱伤、两者全胜。显然前面两种结果都不是理想的结果，这些结果往往潜伏着第二次更大的冲突，领导应尽量避免这种结果出现。第三种结果是在双方都较满意的基础上解决冲突而得到的，这是可取的解决问题的方案。这就需要很好地进行有效的协调，也是我们解决冲突的目的。

（一）冲突的协调与解决方法

主要包括以下几种：

1. 认知型冲突的协调

在高职教育系统中，从宏观方面来讲，高职教育如何适应国家政治、经济、文化的发展，每一个发展时期如何规划、区域高职教育的发展、高职教育发展速度的快慢、高职教育的科类层次结构等的确定，不同的决策者及管理者会产生不同的意见，甚至矛盾。在微观高职教育管理中，学校都有非常具体的管理活动，对于学校如何定位、如何发展、如何运用学校有效的教育资源，在培养目标、课程设置、培养计划的拟订和实施、教学与科研活动的具体展开、各项工作的总结评价等方面都可能出现一些不一致和矛盾，甚至会形成明显的冲突。一般来讲，增加交换看法、进行交流协商的机会，消除可能由于误会与信息不全所导致的认识上的不一致；进行"和平谈判"，把对各种原因和结果的认识都拿到桌面上来，这需要领导者具有权威和协调能力；提供学习机会，提高大学组织内成员的认识能力和观念水平，针对冲突双方，以及冲突涉及的各方，都需要提高自身的认识水平；调整或改善组织内部的有关结构，使各种不一致、矛盾和冲突能够最大限度地被"稀释"和"化解"；用超然的态度承认并超越某种冲突，这种方法可能有助于解决冲突。具体来讲，要解决这类矛盾和冲突，最好的办法就是在学习和研究的基础上，开展对高职教育的教育思想、教育观念的大讨论进行认知统一。要提供公开交流的平台和场所，进行认知交流，认知融化，消除和化解形成矛盾和冲突的原因，使组织成员和冲突各方在观点上达成一致，或者提高他们的认识水平。

2. 感情型冲突的协调

这是一种非理性的冲突，主要存在于微观高职教育管理的活动中，相对于某个方面的具体事项，带有个人的情感色彩。其原因可能是一些微不足道的小事，也可能是不同的性格、爱好，甚至可能找不到原因。在高职教育系统中，解决这类冲突的方法可以通过提高成员的心理素质，使其具有能够承受一定的情感冲突的能力；提高认识水平，认识冲突的原因是微不足道的，认识冲突的结果可能会产生严重后果；施行合理而公正的奖惩手段，坚持规章制度的原则性，对于坚持感情办事而导致不良后果的，做出制度上的处理；进行感情牵引，引导其感情向有益的方向发展，如完善和改进目标管理，把成员的注意力集中到实现高职教育目标上去。对于某些历史性的感情冲突，最好的解决办法也许是让时间这位"老人"来协调解决，因为时间可以抚平某些感情创伤，并教会人们许多书本上没有的道理。

3. 利益型冲突的协调

利益冲突有一种特征，如果利益的消长或损益幅度不超过某一程度，则这种冲突不仅不可怕，而且对集体的凝聚力和组织目标没有太大的影响或破坏作用；如果超过了某一程度，则会导致整个组织或系统的瓦解与毁灭。因此，需要解决并能够解决的利益冲突基本上都是处于这两者之间的利益冲突。利益冲突是冲突各方在各自追求效用最大函数值（或最大利益）的过程中构成的冲突。利益冲突所围绕的中心就是利益，而利益在各人的眼中是不一致的。一般说来，出现冲突时，组织中可能存在无数个个体利益或自身利益，也可能存在多个不同规模的共同利益，但最大的共同利益只有一个。对于作为利益代表的个体或群体来说，他们的自身利益也只有一个最大值，这两个最大值就是"自利最优解"和"共利最优解"。解决利益冲突的关键在于如何进行利益的重新分配。如果借用函数求解的方式，当代表多方利益的曲线处于同一坐标系时，共利最优解就不难找到，但要把共利最优解和自利最优解结合起来就不容易了。寻找各方的自利最优解和共利最优解，实际上是一个人对利益的产生和形成的分析过程，而要使自利最优解和共利最优解取得一致，则不仅是一个分析过程，而且是一个策略的实施过程。另外，它们也不是一成不变的，它们会因环境变量的改变而发生变化。因此，利益冲突的解决是具体事情具体分析的过程。在高职教育系统中，各子系统，甚至更小的群体和个人，都有自己的切身利益。他们在实现系统目标的过程中也同样追求自己的切身利益。例如，高等学校教师在进行教学科研工作时，一方面在完成高职教育的任务；另一方面也在追求自身的利益——职务的晋升和自我价值的实现。这里，职务晋升就是引起冲突的原因之一，特别是当候选人远远多于晋升名额时，冲突就异常激烈，如何确定好公平合理的晋升方案就是解决冲突的关键。此外，在人员任免、经费分配、改革方案实施等方面，同样存在着各种利益冲突。如果忽视这些矛盾和冲突，尤其是利益上的矛盾和冲突，要想调动全体教职工的积极性，充分发挥他们的创造精神，就可能成为一句空话。在解决这种矛盾时，有两个办法：一是通过政策法规来约束，明确整体与局部利益、局部与局部利益、个人与组织利益、组织与组织利益、个人与个人利益的关系，公平公正地解决这些利益冲突；二是应注意加强思想政治工作，把物质奖励和精神鼓励结合起来，处理好国家、集体、个人三者之间的关系，这是高职教育领导必须研究和解决的重要问题。

总之，要充分认识高职教育系统中存在的矛盾运动的规律，特别是在微观高职教育管理中，要按照矛盾运动规律来解决这些问题。具体来讲，个人与个人之间的矛盾主要表现在工资福利、提级晋升、表彰奖励、教育经费分配及学术观点等方面，此时应遵循公正、平等的原则。

在个人与整体的矛盾方面，要使系统整体目标与个人的目标相一致，当两者一致时，个人目标的实现可以通过整体目标的实现来达到，整体目标的实现是个人目标得以实现的前提条件。

从宏观方面来讲，系统与社会环境之间的矛盾表现为对高职教育投资少与实现高职教育系统目标、政府包揽过多与高等学校缺乏办学自主权等方面的矛盾，应该也只能通过政策、体制去解决这些矛盾。

但是，高职教育系统的三种矛盾是有机地联系在一起的，每一对矛盾的解决都关系到对其他矛盾的解决。因此，在高职教育管理活动中，要从整体出发去解决高职教育系统所存在的矛盾，即进行系统的、科学的管理。如果不从整体的角度去处理系统内部的矛盾及系统与社会环境之间的关系，看不到矛盾之间的相互关系和相互转变，那么，就会激化矛盾，破坏高职教育系统内部的稳定性，就不可能实现高职教育系统的整体目标。例如，个人的合理需要得不到满足就会抑制个人的积极性和创造性，个人在工作中就会表现出动力不足，主动精神不够。一旦个人在工作中缺乏主动性就会大大降低劳动效果，这样培养出来的人才质量就难以达到预期的目标。而人才质量的降低，又会引起社会上人才供需关系的变化，这种关系反过来又抑制高职教育的运行和发展。同样，如果系统的整体目标与实现这些目标的现实条件差距过大，目标就难以达到，这反过来又会挫伤人的积极性。所以，高职教育系统目标的实现过程本质上是一个系统与环境、系统内部矛盾关系不断得到协调和解决的过程。

其实，我们要辩证地看矛盾，特别是高职教育管理活动中的矛盾，从矛盾的普遍性来看，所有的矛盾都有共性，因为产生矛盾的规律性都是一样的。首先，我们要认识到矛盾的存在是必然的，不存在没有矛盾的社会，不存在没有矛盾的管理，人的价值观各异，认识方法和认识水平各异，有矛盾是很正常的，不要因为有了矛盾就惊慌失措。根据动态平衡的观点，管理活动中要有矛盾，有矛盾不是坏事，通过制造合理的矛盾，挑起正常的冲突，当然只是思想上的冲突，在冲突中谋求一致，达到矛盾的解决，在冲突中达到平衡。要善于处理和解决矛盾。矛盾出现并不可怕，可怕的是当矛盾出现以后，我们束手无策，或者捂住矛盾，或者任其发展，我们有些管理者不善于解决这类认知型冲突的矛盾，甚至不愿意去正视这些矛盾。另外，最不可取的是压制矛盾，结果造成矛盾的激化，这样一来可能会带来新的、更大的冲突，产生更大的矛盾，因为它没有解决矛盾，而是转移了矛盾的方向，使小的矛盾集合成了大的矛盾。

（二）高职教育管理中对待矛盾与冲突要注意以下两个方面的问题

1. 避免人为地制造矛盾和冲突

从源头上避免矛盾与冲突的出现，这就要求我们在制定各种政策和制度时要科学合理，要经过专家论证和民主决策，千万不要匆忙出台不合时宜的政策和制度，特别是出台避免头痛医头、脚痛医脚的政策和制度，为矛盾与冲突埋下祸根，在管理活动中我们也要尽量避免矛盾与冲突。管理活动中尽量避免矛盾与冲突的办法有很多，其中之一是管理活动的透明、公开、公正，而透明的前提是游戏规则的认同。在游戏规则认同的前提下，游戏的运作必须透明、公开、公正，只有这样，才能有效地避免矛盾和冲突。我们知道，高职教育管理的本质特征与企业管理、经济管理有很大差别，中国高职教育的管理在具有行政性的同时，又是学术性很强的专业管理。行政管理需要很强的透明度，学术管理除了知识产权方面和技术层面比较透明外，纯粹的管理活动更需要讲求透明、公开、公正。只有把握好了透明、公开、公正的度，避免管理活动中人为地制造矛盾和冲突才是可能的。

2. 实事求是地化解矛盾与冲突

矛盾与冲突在管理活动中始终是存在的，关键在于如何去化解。化解矛盾与冲突要本着实事求是的态度。首先，要敢于承担由于管理者的原因引起矛盾与冲突的责任，用真诚来化解矛盾与冲突。其次，一旦矛盾与冲突出现，既不要大惊小怪，也不要消极怠慢，要以积极的心态与行动去化解矛盾与冲突，把矛盾与冲突造成的后果降到最低程度。

第三节　高职教育管理的属性

在社会活动中，为了与高等教育系统整体性相适应，高职教育管理一开始就提出两个目标：一是为使个体同整体相适应，用系统整体去整合各系统的个体，以实现系统整体的功能目标。二是为了实现系统效益的最大值，要求把具有一定功能行为的个体有机结合在一起，以达到系统最大"结合力"的功能目标。只有这两个目标的综合，才能使系统整体功能大于系统中各分散个体功能之和。这是高职教育管理的系统属性。这两个目标的矛盾决定了高职教育管理的两条基本规律：第一，高职教育管理的自然属性与社会属性趋于一致的规律。自然属性具体表现为高职教育管理的个性和特殊性，社会属性具体表现为高职教育管理的历史继承性和为阶级服务的政治性。第二，高职教育管理的封闭性与开放性的矛盾统一的规律。这是高职教育管理最重要的本质属性。

对于第一个问题，因为"整合"和"综合"使高职教育系统获得整体的功能目标和最大"结合力"的功能目标，这就具备了系统整体功能大于系统内各成员个体功能之总和的条件。如果系统中的管理者尤其是领导者能够找到两个互为矛盾的平衡点，也就是要求各级管理者，尤其是各级管理的最高决策者，在管理中必须找到两个目标的平衡点，才能保证系统功能放大。高职教育管理具有自然属性与社会属性，高职教育管理活动本身就反映了它的属性。要实现管理的功能，在管理中运用专业的知识，使用某些技术和方法，就表现出了它的自然属性。有管理者必然有被管理者，他们之间总是存在着利益、认识、感情等方面的矛盾，在阶级社会里往往表现为阶级矛盾；在市场经济体制出现多元化格局的情况下，宏观高职教育管理中有时候会出现各阶层利益之间的矛盾；在整个国民经济的发展中，教育同其他行业的矛盾，教育内部中高职教育同其他层次教育之间的矛盾等，从而表现出它的社会属性。在不同社会制度的国家里，解决这种矛盾的方法往往是不同的，认识两类属性矛盾的存在和有效地解决这两类矛盾，必将推动高职教育事业的发展和教育目标的实现。同时，对高职教育系统的封闭性与开放性而言，这是一种客观存在的事实，要注意的是封闭性和开放性是相对的，只有系统与环境进行有效、快速、准确的物质、能量和信息的交换，才能使系统实现整体的功能目标和最大"结合力"的功能目标。

一、自然属性与社会属性

高职教育管理的自然属性主要表现在普遍性方面。高职教育的管理是一种社会活动，社会活动的有序进行就需要进行管理，因此，高职教育管理是社会活动中普遍存在的一种管理现象。不论哪个国家，无论哪个历史时期，只要存在高职教育活动，就存在各种培养高级专门人才的活动（包括专业设置、培养目标、课程设计、教学过程、教学方法、教学手段等），就有进行管理的必要。高职教育管理的共性方面，即高职教育管理在各个历史发展时期都具有明显的共同点，这些共同点不因国家的政治、经济、文化等差异而有所变更，也不因历史时期的变化而消失。正是由于这种共同性，中国传统高职教育中的优秀部分应当被继承和发扬，如唐朝的高等学府在教学管理上制订较详细的教学计划，规定了严格的考核制度，放假、升级与退学等都有明确的规定，唐朝太学退学的规定有三条：请假逾期不返校者，令其退学；学满最高修业年限三次不及格令其退学；品德行为恶劣不堪教育者令其退学。这些管理仍有其现实意义。与现代大学有历史渊源的欧洲中世纪大学，一开始就建立包括文法学、哲学和医学等学院，这种校院制一直被后来的大学所采用，随着课程的发展，学习制度发展成最初的学位制，这种制度对如今的大学学位制度产生了深远的影响。例如，在法学、哲学、医学等学科，都规定有不同的学习年限，需要学习若干门课程，还要实习讲授一定量的课程，然后才能申请学士、硕士和博士学位，之后，还要接受一次口试和辩论，经评审批准，才能戴上硕士、博士帽。现代大学申请硕士、博士学位程序基本同过去一样，只不过是在此基础上更加完善。这就是高职教育管理的"古为今用，洋为中用"。这些共同点来源于高职教育管理活动的循序渐进，在发展过程中所形成的特点和规律，成为高职教育活动中所遵循的管理的一般原则，表现出它的共同性特点。另外，在高职教育管理的技术性方面，高职教育管理使用的技术和方法一般不受社会制度的影响，各国都可以相互学习先进的管理技术，如数学、经济学、计算机科学等，更加丰富了高职教育管理的内容，推动了高职教育管理的发展。

高职教育管理的社会属性包含两层含义：一是高职教育管理具有历史文化的继承性，即在人类创造历史的过程中，由于社会及自然环境不同所形成的各种地域文化，在高职教育管理活动中留下深深的烙印。这些"印记"在高职教育管理思想上，表现为不能超越一定的社会文化形态及人们的社会心理状态，并且在具有"同源文化"的国家和地区，在高职教育管理思想和管理哲学上具有很大的相似性，而非同源文化中所产生的高职教育管理思想和管理哲学就存在明显的差异。二是高职教育管理具有政治性。因为高职教育管理是与权力关系联系在一起的，高职教育的体制和有些制度、政策总是一种社会制度和政策的一部分，是为一定的政治服务的。在阶级社会里，决策者与被管理者之间一般表现为阶级关系。在社会主义社会里，人民群众是社会和国家的主人，社会主义国家的管理者，包括高职教育管理者，是为人民办事的公仆。所以，有人不太赞成高职教育管理具有这样的社会属性，好像是把管理的自然属性社会化了，这是片面的。作为高职教育的管理者，特别是高级的、高层次的管理者，一定要懂得管理的社会属性，高职教育管理必定具有社会属性，并且，要搞清楚管理的社会属性在哪些方面，在我们的管理活动中如何恰如其分地处理好社会属性的问题，是当前高职教育管理者必须懂得的。从宏观高职教育管理来讲，它的社会属性的政治性问题是不言而喻的，反映在高等教育，管理的方向性具体地反映在培养的人才上。高职教育管理社会属性认识的淡化是很危险的，有的人甚至不承认社会属性则更可怕，这是高职教育的民族性、国家性的根本问题。

自然属性与社会属性是高职教育管理活动本身所具有的两种属性，两者处于矛盾统一体之中。高职教育管理的两个目标，决定了高职教育管理两种属性矛盾统一的辩证关系，它具体表现在维持系统整体特性功能目标应具有的稳定性与高职教育管理追求最大"结合力",要求改变系统结构而产生不稳定性之间的矛盾,此两者之间的矛盾运动,使高职教育管理不断得到改善。同时,高职教育管理的两种属性又统一于高职教育管理计划、组织、领导和控制等管理环节上,统一于高职教育管理的效益上。没有社会属性,没有维持系统整体特性的功能目标,就不会有产生最大"结合力"的需要,高职教育管理的自然属性就失去了存在的基础而无从实现它的自身价值。把高职教育系统内成员的个人目标整合成系统整体特性的功能目标,目的在于把分散的具有一定功能行为的个体结合起来,实现系统功能的"放大"。而离开了自然属性,高职教育管理的社会属性也不可能体现出来,它的社会价值目标也不可能实现。

二、封闭性与开放性

高职教育管理的封闭性是指在高职教育管理过程中,根据高职教育管理的特殊矛盾而在高职教育系统内部自我运转和良性循环的性能;高职教育管理的开放性是指在高职教育管理过程中,根据高职教育管理的特殊矛盾而在高职教育系统与外界环境相互关系中,实现物质、能量、信息交换的性能。就高职教育管理的封闭性而言,在高职教育系统内,无论进行哪种高职教育管理工作,一个首要的前提就是在一个相对独立、完整的高职教育系统内部,按照高职教育系统的特定目标而进行优化组合,即在高职教育系统的"投入—加工—产出"的过程中构成一个相对封闭的系统。没有相对的封闭性,高职教育系统就没有相对稳定的环境,任何对高职教育系统的分析及高职教育管理活动过程都不可能按照自己的独特方式运行。

这种相对封闭性是一种客观的存在,是更好地进行高职教育管理的必然要求。当然,完全封闭的高职教育系统是不存在的,因为完全封闭就意味着与环境不进行任何物质、能量、信息的交换,这样的高职教育系统必然会逐渐消亡。因此,这就是我们所指的高职教育系统和高职教育管理的封闭性又具有相对性的方面。现代社会中,任何一个系统都不可能是封闭的,封闭是相对的。就高职教育管理的开放性而言,高职教育系统受外界环境的制约和影响,只有开放才能获取更大的信息资源和物质资源,才能进入社会大系统中去循环,去接受洗礼,去成长壮大。纵观中国高职教育的改革与发展、中国高职教育管理现代化进程的不断加快都离不开开放,我国高职教育管理的很多思想与观念就是因为通过改革开放得到启发,很多技术与方法就是在国际高职教育的大背景下开发与形成的,现代高职教育管理的进程没有国际化的开放是不行的。没有开放性就没有中国高职教育的大发展,就没有中国高职教育管理的成熟和成长。

故步自封、关门主义使高职教育系统独立于社会大系统之外，是有历史教训的。因为，这个社会不可能停留在古代文法教育时代，教育脱离社会，脱离社会化生产活动，成为贵族教育的一种象征，难以推动社会生产力的发展。现代社会大生产催生了科学教育的迅猛发展，科学教育的内容、科学教育的方法，无不是来自社会的，封闭已经是不可能了。那么，高职教育的管理在思想上首先要开放，要引入先进的管理思想和方法，但不改变高职教育管理的本质，这就是开放性的基本原则，也是封闭性和开放性的矛盾统一的需求。高职教育管理的封闭性与开放性的矛盾在于：如果片面强调高职教育管理的封闭性，为高职教育系统的"存在"花费更多的人力、物力和财力，那么就会影响系统的外延"发展"，失去取得更大效益的机会；如果片面强调高职教育管理的开放性，过分注意高职教育系统效益的最优化，而忽视甚至否定高职教育管理的相对封闭性，破坏高职教育系统自身，就会只强调系统"发展"而忽视系统"存在"。这将导致高职教育系统的紊乱和能量的消耗，最终将导致系统"存在"基础的动摇。无论是高职教育管理封闭性还是高职教育管理开放性，其目的都是使高职教育系统的生存和健康发展得到保证，具体表现在统一高职教育管理的诸环节上。例如，通过高职教育计划，在解决高职教育系统与环境矛盾中使封闭性与开放性统一起来；通过高职教育组织、领导，在解决高职教育系统内系统与系统、系统与个人矛盾中使封闭性和开放性统一起来；通过高职教育控制，在解决高职教育系统既定目的与实施中偏离目的的矛盾中使封闭性和开放性统一起来。这里要明确的是，高职教育要向世界开放，汲取世界上先进的管理经验，包括一些先进的管理制度。要向其他行业开放，走开放办学的道路，特别是在市场经济体制下，企业管理是最活跃的，产生的现代企业管理的先进理念和方法尤其值得高职教育管理借鉴。

高职教育管理的自然属性与社会属性的两重性是我们要充分认识清楚的。两重性规律以高职教育系统中一切有目的的活动为基础，自然属性和社会属性、封闭性和开放性是高职教育管理本身所固有的。因此，高职教育管理的自然属性及其客观性规律，不仅在对高职教育管理的认识上，而且在高职教育管理的具体活动中都是必须要遵循的。高职教育管理活动中的两重性规律揭示的是高职教育管理固有的自然属性和社会属性、封闭性和开放性及其相互联系，这种联系是由高职教育管理的"整体功能"和"结合力功能"两个目标的矛盾运动所规定的。事实上，两重性从整体上反映了高职教育管理的特殊矛盾。因此，管理属性要素之间的联系是本质的和必然的。

总之，我们研究高职教育管理的自然属性与社会属性、封闭性与开放性，以及它们的规律在高职教育管理过程中是共同存在、相对稳定的，是高职教育管理本质的反映，是高职教育管理的基本规律。

第四节　高职教育管理的特点

一、高职教育管理目标的特殊性

高职教育系统目标的特殊性决定了高职教育管理目标的特殊性。高职教育系统的主要目标是根据高职教育的功能来确定的，因此，对管理的功能与目标相应地提出了它的特定要求。高职教育管理的功能就是要通过计划、组织、协调、控制等使高职教育更加符合社会发展的要求，符合社会生产力的要求，这种要求表现在教育的层次、结构、规模、质量等方面的目标上。另外，在微观方面，高职教育管理要使组织中的每个成员按高职教育规律办事，更好地完成既定的目标。高职教育系统的目标是根据高职教育规律和社会发展对高职教育的需求来制定的，所以，高职教育系统的协调活动也应该以高职教育的规律为指导，而不能简单地照抄企业管理中的某些方式方法。从这个意义上来说，高职教育的微观管理是以更好地培养人才并且着眼于提高人才的质量为根本目标的管理活动，它不能也无法以只追求经济效益为目标（更不能以只追求利润为目的）。在市场经济体制下，高职教育要不要考虑经济效益的问题，一直以来都是管理部门和管理工作者闭口不谈的问题，好像一谈经济效益就乱，就偏离教育方向，而不谈经济效益就"死"。因为在市场经济体制下没有不讲经济效益的组织，没有不讲经济效益的管理活动。与行政管理、企业管理等其他管理所不同的是，如何将社会效益和经济效益有机结合，纳入高职教育管理的目标中，正确地处理好社会效益与经济效益的关系，是高职教育管理者值得研究的，这也正反映了高职教育管理目标的特殊性。

高职教育管理具有两个最基本的目标功能：一是尽其所能地将系统内的各种关系和资源凝聚起来，形成一个整体，这就是管理的"维系"功能；二是最大限度地围绕系统的整体目标，发挥要素的主动性、积极性，更好地实现高职教育系统的整体目标，这就是管理的"结合"功能或"放大"功能。高职教育系统是由有关教育行政机关和各级各类高等学校所组成的系统，它的结构与功能与其他社会系统有所不同。高职教育在同其他社会系统进行物质、能量和信息交换的过程中，在为社会提供精神产品的同时，也提供物资产品，这种物资产品表现在劳动力方面、科学技术成果方面、现代文明与文化产品方面，也可能形成工业产品。高职教育系统是最具创造力的社会系统，通过各成员、各要素主观能动性的发挥，可以最大限度地实现"系统大于部分功能之和的效果"。但反过来，如果教育者及教育资源中的人的主观能动性发挥得不好，这比其他任何社会系统都更有可能制约生产力的发展。所以，高职教育管理者要充分认识到这两大功能的特殊性，并注意将此二者有机地结合起来，用凝聚力推进整体的结合力，用系统的发展加强整体的凝聚力。

二、高职教育管理资源的特殊性

不论是宏观高职教育管理还是微观高职教育管理，高职教育管理资源要素的特殊性具体表现在以下三个方面。第一，这是由一群高级知识分子组成的特殊群体，组织及其成员的特殊性就构成了要素的特殊性。从高职教育管理的主体和客体来看，即从管理者和管理对象两个方面来看，组成高职教育系统的主体要素之一是教师，是创造和掌握专门知识的群体。因此，对他们的管理要符合这一群体的心理活动和以个人脑力劳动为主的集体性活动的特征。另外一个高职教育系统的主体性成员之一是学生，是一群18岁以上、受过完全中等教育的青年，对他们的管理和协调方式要符合他们身心发展阶段的特殊性。正是由于高职教育系统组成人员的特殊性，管理中存在着一种特殊的管理现象，这种现象强调和要求自我管理。

第一，自我管理是任何管理中都存在的一种现象，但是，在高职教育管理中，自我管理尤为重要，它是一种身心和智力发展的自我管理，他们需要学到或养成具有自我管理、自我组织、自我发展的能力。他们的心理特征也表明，在教育过程中，完全有必要让其发挥他们的自我组织管理能力，才能更好地发展。所以，管理对象是高职教育管理要素最重要的特点。第二，教育投资与经费的管理是一项复杂的工作，因为它的用途是复杂的，有时候还不能用绝对的量化管理来处理，有时候投入产出还不能短期就能见到成效，经济回报率可能很低。这就是高职教育的经费管理有别于企业管理、行政管理、经济管理等的特殊性。第三，教学与科研物资设备的管理特殊性，表现在这类资源不完全是生产性资源，这些物资设备是建立在教学科研功能上的，是为了完成教育教学实验实习、科学研究开发等，它不仅仅是一套设备，还可能是一个个教学实验和科学研究的基本平台。

高职教育资源的特殊性构成了高职教育管理的特殊性。高职教育资源是指整个社会用于教育领域中的人力、物力和财力及知识产品、文化产品等的总和，有效的、可利用资源是指高职教育的主办者对高职教育的投入所形成的资源，主要表现在经费投资方面。社会用于教育资源的来源又与社会中的区域发展相关联，与政府对教育的投资相关联。教育是一种事业投资，但是它又不仅仅是纯粹的事业投资，因为它的投资对象决定了教育不可能是完全的事业投资，事业投资的对象主要是针对公共事业，公共事业是针对大众的，基本上所有的民众都可以享受到。而高职教育的对象群体不是单纯享受公共事业的群体，毕竟当高职教育还没有达到普及化的时候，高职教育就不可能是一种完全的事业行为，虽然高职教育的结果是回报了社会，但是受教育者只是整个社会群体中的一部分。这是由高职教育资源的有限性决定的，这些资源又受到整个社会政治经济发展的制约。所以，一方面，高职教育的投入来自政府、学生家长、学校自身和社会的多方融资构成了投资的特殊性，这就决定了高职教育资源的特殊性。要改变一般的人的本性，使他获得一定劳动部门的技能和技巧，成为有能力的和专门的劳动力，就要受到一定的教育或训练，而这就得花费或多或少的商品等价物。要进行教育活动，先要从社会的总劳动力中抽出一部分劳动力，这就是要求从事教育的劳动者和进入劳动年龄的受教育者，要消耗一定的学习资源、生活资源，还必须有一定的物质技术条件，如校舍、图书、仪器设备等。高职教育财力资源不是自然资源，或者也不是可以通过生产方式就可以生产制造出来的，而是要通过长时间打造和培育出来的，随着社会的发展与需求逐步形成的。另一方面，在满足了人的再生产及所需要的物质再生产以后，社会所能用于教育的资源就很有限了，难于满足社会和个人对教育的需求，这也是教育管理中的一对特殊矛盾。因此，如何获得更多的教育资源，如何有效地使用稀少的教育资源，就成为社会领域和教育领域共同关心的问题。高职教育资源投资的特殊性构成高职教育管理资源的特殊性就不言而喻了。

从宏观高职教育管理来看，高职教育事业具有很强的战略性、前瞻性。高职教育的管理活动整体的发展规划关乎长远的社会民生问题，需要许多专家系统地来完成，活动的内容涉及民族文化、区域经济、人口发展、科学技术水平、社会环境等。从微观高职教育管理来看，高职教育管理活动的特殊性体现在高职教育组织管理的活动中，最主要的表现特点之一就是要协调学术目标与其他目标之间的矛盾。学术目标是一种高智力投入和高智力劳动的追求，除了个体的高智力劳动外，同时还要强调高智力劳动的结合、高智力劳动者的团结协作。高职教育系统的主导性活动是传授知识、创造知识，高职教育所培养的各类专门人才和高等学校所提供的各种科技成果主要是通过学术水平和应用价值的高低来衡量的。管理活动的学术性十分强，而这种学术性不可以用一般行政性的方法进行管理。因此，学术目标的组织、协调、实现等是高职教育管理活动中的特殊矛盾，这就要求高职教育管理活动一定要重视学术这一特殊目标，使这一特殊的管理目标与学术目标相符合。高职教育组织中的教学活动是教与学的双边关系，高等学校师生是一个特殊的群体，在完成教学目标和管理目标的过程中，师生参与到具体的教学管理活动，达到双边认知认同，教学民主就显得更加重要。大学教职工是高职教育系统中能动的力量，是实现高职教育管理目标的智慧源泉，要发挥他们的智慧和力量，学术自由是高职教育管理必须考虑的问题。高职教育系统中实行学术自由将激发师生员工极大的能动作用，使大家从信任中受到鼓舞，在学术自由这个平台上施展自己的才华，在学校的管理活动中真正成为中坚力量。

第二章 高职教育管理的价值

第一节 高职教育管理的效率价值

一、效率的内涵

当今学界有一种较为普遍的看法，即效率原来是自然科学的概念随着社会科学向实证方向的发展，自然科学中的一些概念、术语被借用过来，效率也是由此进入社会研究领域，尤其是经济学中。目前学术界对"效率"主要有三种不同的理解："投入产出效率，指资源投入生产与产出之间的比率；帕累托效率，即资源配置效率，指社会资源的配置可以达到这样一种境界，任何一种资源的配置都不可能使一个人福利增加而不使另一个人的福利减少；社会整体效率，指社会生产对提高社会全体成员生活质量，促进社会发展的能力。"当前，一般认为"效率"就是第一种含义；第二种效率是一种理想状态的社会公平分配的效率追求；第三种定义则着重考察社会生产对于改善人们生活，提高生活质量，促进社会整体与个人全面发展和进步的能力，体现了哲学的评价意蕴。

效率成为价值范畴的根据就在于任何资源的供给在一定时期总是有限的，也就是经济学上所说的资源的"稀缺性"。由于稀缺性和机会成本的客观存在，人类才努力追求资源配置的效率，并把它作为行为选择的标准之一。

一方面，效率不仅反映了人与自然的关系，而且反映了人与人的关系以及个人与社会的关系。也就是说，效率是一个具有普遍意义的关系范畴；另一方面，效率体现了人类的理性特征，凝结着人类的理想，包含着人类处理矛盾的原则。因此，效率是一个基本价值范畴。

效率是衡量每个时代社会发展的标志。伴随着现代化发展进程，效率范畴成为社会科学和自然科学的中心术语，被广泛地应用于经济学、管理学、法学、行政学、军事学、体育学、教育学、伦理学和热机物理学等学科领域。如生产或经营效率、配置或分配效率、工作或机械效率等。经济学将效率作为本学科的核心范畴，对其进行深入系统的理论探讨。然而，关于效率价值问题的研究在哲学社会科学领域的意义亦很深远，事实上，效率现象对人类的影响不仅仅是一种经济层面的，它对整个社会生活都产生了广泛而深远的影响。效率是为满足一定目的的人的实践活动所产生的收益价值与投入耗费比值的意义。人的活动效率从其意义上说是一种价值关系，是人的活动内在属性的意义关系。《价值学大词典》的注释是：从根本上说，效率是人的活动的内在关系，人的活动过程、投入与人的活动的结果、产出、效果都是作为效率内在关系项而存在的。

哲学上的效率价值伦理范畴，作为思维意识形态它是主观的，其涉及的对象内容则是客观的。确立效率属性这一事实，是对效率价值判断的前提。

可以这样说，作为高职教育管理的工具性价值之一，效率是高职教育管理的永恒追求。效率价值之所以如此重要，从经济学的角度来分析，就是因为存在着资源的稀缺与人的需求无限之间的矛盾。"人民群众日益增长的物质文化需要同落后的社会生产之间的矛盾"涵盖效率诉求的价值—伦理—道德向度。高职教育管理的任务就在于发挥高职教育组织系统自身的优势，整合高职教育组织系统内外的力量，运用和挖掘可支配的资源，不断满足人们日益增长的高职教育需求的多重需要。

二、管理与效率

效率是管理本身所追求的基本目的，具有"工具性价值"。若将效率置于社会发展的大背景下考察，效率就不只是一个管理学、经济学概念，它是一个和人类社会发展密切相关的基本概念。我们知道，人类的自由、幸福和安康，是在控制人与社会和人与自然的关系的活动中实现的。因此，管理效率作为"贡献性"的"工具性价值"，它的指向仍应当是管理的"目的性价值"的人的自由、公正、幸福和发展。

社会发展与主体发展是内在关联的。传统观点从社会发展中抽调主体发展，把社会发展与经济、物质发展画等号，就是"把社会当作一个单独的主体来考察，是对它做了不正确的考察，思辨式的考察"。其实，社会发展内在地包含了主体发展于自身，"工业的历史和工业的已经产生的对象性的存在，是一本打开了的关于人的本质力量的书，是感性地摆在我们面前的人的心理学"。从主体是社会发展最终归宿上看，我们认为，相比于经济发展，人的主体发展才是社会发展最为本质的内容。此外，社会发展的历史之谜的答案"不在人外，而在人中"。马克思主张辩证的社会发展观，强调发展经济，但反对唯生产力论、唯经济论，社会发展的目标归根结底只能是通过发展经济来达到发展主体。马克思社会发展观与"见物不见人"的社会发展观显然迥然不同，它极大地突出了社会发展概念蕴含的"以人为本"的哲学意蕴。恩格斯晚年提出过把社会发展理解为"物"的生产与"人"的生产两个过程的辩证统一的思想，表达了社会发展不仅是"物"的现代化，而且是"人"的现代化的思想，正如实践的唯物主义不同于经济唯物主义一样，马克思主义的社会发展概念也不同于经济史观的社会发展概念。

所谓管理的效率是指技术、发展、制度层面综合发展意义上的效率，并不是传统的只注重科学层面而不重视人文层面、只重视经济"物"的指标而不重视社会"人"的发展，只重视技术理性批判而不重视制度价值理性批判的单向度的效率。

三、学校效能研究

（一）学校效能观

从经济学视角出发，效能主要指组织的生产过程，即从"输入"到"输出"的过程。教育生产过程的因素包括：输入（投入教学内容与方式方法）、输出（考试分数）、产出（劳动力市场分布）。学校组织的"输入"涉及学生既定的特征和财政、物质投入。"产出"指学生达到学校教育的目的，即教育质量（人才培养质量）。学校转变过程可以理解为致力于学生知识、技能获得的要素，如教学方法、课程选择、组织结构与校园文化。经济理性的学校观认为，学校效能就是学校达到其预定目标的程度，学校效能是指学校的表现或绩效，学校绩效主要表现为"学校输出"，可以通过对学生一定阶段的测验进行衡量。

从组织学理论出发，持有不同的组织观念就有不同的学校效能含义。有机系统的组织观认为，学校效能就是学校适应外部环境变化，保持学校健康发展的能力；人际关系的组织观认为，学校效能就是学校内部人员的满足感与人际关系和谐的状况；科层体制的组织观认为，学校效能就是学校维持结构稳定与持续发展的能力；政治冲突的组织观认为，学校效能就是学校内部满足外部重要群体需要的程度。组织学的观点把学校视为一个教育组织，讨论维持学校效能的条件，提出学校适应的内在及外在条件，并长远地达成有关人员所追求目标的能力。学校的组织学习能力及组织变革能力应是学校效能的重要指标。

（二）学校效能研究

学校效能研究（SER）源于20世纪60年代中期美国科尔曼发表的《教育机会均等报

告》和詹克斯等人的《美国家庭和教育影响再评价》报告。科尔曼认为，相比学生家庭背景和社会背景而言，学校对于学生成就几乎没有什么影响。《教育机会均等报告》的出现引发了"学校功能"的争议研究。一部分研究者追随科尔曼的报告，发布消极的学校功能论调；另一部分研究者则强调积极的学校功能论，试图改变"学校教育无所作为"的悲观论调，从而掀起"有效学校"研究运动。20世纪80年代中期，国际学术组织国际学校效能与改进大会（ICSEI）创办了专门的学术杂志——《学校效能与学校改进》。

我国学者认为，学校效能研究是以寻找或发现对学校的产出有积极影响的学校特征或其他因素为目的的研究。学校效能主要研究学校之间的差异，探求影响学校管理理论和实践效果的关键因素，从而促进学生的发展，使学校成为"有效学校"。相比其他学校而言，有效能的学校对于学生的产出具有附加的价值。附加值（增值）通常用于描述这一过程。此外，学校效能研究的一个主要目标是运用适当的模型来解释和说明"产出"因素。其主要目的是运用恰当的模型来获得有关"解释性"因素与"结果"因素之间关系的知识。学校效能研究主要是寻求有效的且可信的方法来测量和提高学校质量。

（三）学校效能研究的方法变革

自20世纪90年代以来，学校效能研究出现综合动向，既重视投入的变量，又重视过程变量，并且在学校教育过程中区分了不同层面的变量因素，如学校教育投入变量、学校教育过程的因素。后者包括学校之上的层面——学校生存与发展的背景因素；学校层面的因素——学校领导、学校文化、教师的合作等；课程（选修课制）与教学（学分制）层面；课堂层面的因素——学生的有效学习时间、教师的教学方式等有效课堂组织的因素。值得注意的是，学校效能还注重衡量学生成就的增值，采用了更为复杂的研究设计和技术分析方法。如多级统计技术方法，观察学校和班级各个层面，收集数据。这种"多级模型"（多层数学模型）是一种定量研究，主要运用统计技术，调查影响学生绩效的变量因素。

四、高职教育效能的影响因素

影响高职教育效能的因素是多重的，既有投入要素的数量、质量与结构，又有要素使用过程的组织、管理与制度，既有宏观的，又有微观的，有可控制的因素，也有非可控制的因素。

（一）高职教育投入的数量与质量

投入与产出的效益率是教育经济学研究的一条基本原理。高职教育投入要素的数量、质量，通过对产出质量的作用，影响着高职教育效率，产出的质量以投入的数量、质量为条件。

没有一定的数量就没有质量。想要好的质量就必须以一定的为实现培养目标所必需的投入量为条件，投入量过少，教师不足，缺乏最低限度的校舍、教学设备、图书资料，教育教学活动就不能正常进行，教育质量就无从谈起或难以保证。

高职教育投入质量直接影响高职教育产出质量。在我国高职院校中，尤其是地方高职院校，教师中高职称比例较低，硕士和博士研究生比例更低，高层次高质量的教师更是匮乏，教师知识结构不合理，知识老化，教学设备、图书资料陈旧，在各个学校中都不同程度地存在着。高职教育质量保障体系就是指影响高职教育质量的条件指标的投入保障。提高高职教育产出质量，提高高职教育资源利用效率的重要途径是增加高职教育投入数量，提高高职教育投入质量。

（二）高职教育管理体制

高职教育管理体制从制度上、从宏观上影响着教育资源利用率，它涉及办学体制、政府与高职教育决策权管理权限划分的宏观教育管理体制、教育投资与财政拨款体制等。关于高职教育体制，这里只从我国现行体制对教育效率影响上进行分析。

高职教育管理体制改革的主要目标：一是改善和加强中央政府对教育事业的宏观管理；二是加强省级政府对高职教育的统筹权和决策权；三是增强高等学校的办学活力。

我国的高职教育管理体制改革贯彻了如下"四个结合"：一是把管理体制改革与布局结构调整结合起来；二是把普通高职的体制改革、布局调整同成人高职的体制改革、布局调整结合起来；三是把条条与块块结合起来，以块块为主制订统一的改革方案；四是把宏观体制改革与高职内部管理体制改革结合起来，把体制改革当作内部管理体制改革的一个最好契机并紧紧抓住，如很多合并都是这样一步到位的。

（三）高职管理体制

高职教育管理体制是影响高职教育效率宏观的、制度性的因素，高等学校管理则是影响高职教育效率的微观的、可操作的因素。高等学校管理是在一个教育机构内部，通过对教育要素的最佳配置与组织，通过对教育过程的计划、组织、实施和控制，实现教育目标的活动过程。各种教育投入要素能否获得最优配置，教育过程能否按照预定目标有效地组织和进行，将直接影响教育效率。

高职管理机构的设置是影响管理效率的因素之一，可以称为"机构效率"。在我国高等学校中较普遍地存在着管理机构庞大，人员过多，职能机构之间职权不清的现象，导致管理成本过高，影响教育效率的提高。在高职教育经费支出中，管理人员支出比重过大。由于机构重叠和职能交叉，管理中摩擦增多，协调加重，管理效率降低。管理思想、管理制度和手段方法也直接影响着管理效率和资源利用率。从物力资源利用率出发，可以将教学仪器设备分为全校共用、部分专业共用、少数专业专用三类，实行实验设备和实验室三级管理（校—院—系），可大大节约物力和人力，但在改革中会遇到传统习惯和单位利益方面的阻力。学校人力、财力、物力以及教学科研的管理，如果都能制度化、规范化，也可大大提高效率。管理手段方面的问题主要是由于经济发展水平较低，教育投入不足，学校无力采用现代手段管理。高职教育管理服务中有大量项目是面向广大师生的，而且操作比较复杂，如学生选课、教师职称评审等，需要大量的信息和工作量，如果一些基本信息的获取能够借助先进的信息技术实时提取，而学生和教师能够通过网络终端进行有关操作，这样将极大地提高学校的管理效能。现在学校的教师经常在教学中做一些重复的、烦琐的事情，尤其是填写各种报表和在各种计算机管理系统中输入数据，而学校各部处、各条线的数据库却不能兼容，这些事情占去了大量的教学科研时间，很多教师对此有怨言。学校应加紧建立教师和学生基本数据库共享系统，将统计数据和各类信息归口到某个部门或某个岗位来统一协调。

（四）高职教育规模

高职教育规模效率是经济学中规模经济的理论和方法在教育领域中的表现。在微观经济学中，规模经济是指厂商采用一定的生产规模而获得经济上的利益，或因生产规模变动而引起收益的变动，分为内在经济与外在经济。内在经济是指一个生产单位在规模扩大时，从自身内部所引起收益的增加。相对应的是内在不经济，即一个生产单位在规模扩大时，从自身内部所引起收益的下降。外在经济指整个行业规模扩大和产量增加而使个别厂商所获得的利益，相对应的是外在不经济，即整个行业规模扩大和产量增加而使个别厂商成本增加、收益减少。规模收益变动有三种情况，分别是规模收益递增、规模收益递减、规模收益不变。适度规模要求至少使规模收益不变，力求使收益递增。

传统规模经济学意义上的高职教育规模是实际招收的在校生数量及生均师资、经费、资产占有数量，属人力、财力、物力等要素性硬规模，而新经济学意义上的规模则是能力性软规模。高职教育规模应该是教育服务产品的供给能力，其中不仅包括课程和实验、实习岗位的数量，也包括品质（水平和品牌），还包括同一产品在空间、时间上的共享指数。

在教育领域中厂商以利润和利润率衡量其收益，高职院校作为非营利机构，是以教育成本大小，以资源利用效率衡量收益的。高职适度规模实质是把教育成本作为高职教育规模的函数，寻求高职教育的适度规模。高职教育规模过小，使人力、物力资源不能充分利用；规模过大可能使成本过高，出现规模不经济。因而高职教育规模适度与否成为影响教育资源利用效率的因素。

（五）高职教育效率机制

教育资源利用效率的概念、评价指标、影响因素诸问题必然是必要的，但这并不能在实践中使资源利用率提高，问题在于高职有无动力和压力，自动提高资源利用率。换句话说，高职是不是成本最小化者，如果不是的话，高职是不是成本最大化者。

高职教育效率表现为个体的行为效率。行为效率与资源使用效率之间并非毫无联系，高职教育中的经济效率源于个体的行为效率，行为效率最终导致经济效率。行为效率是高职教育效率的外部表现，而资源使用效率是高职教育效率的内在本质和更高追求。一个行为效率高的高职教育系统，必定运行流畅，资源配置合理，使用效率高，因而产出也是高效率的。个体对行为效率的追求，是理性的逐利行为，它能直接带来私人效率。但私人效率与社会效率之间可能是正相关、相等或者是负相关的关系，在理想情况下，法律能遏止行为效率对个人私利的极端追求，将私人效率与社会效率之间的关系定位在正相关或相等上。

高职院校不能成为成本最大化者，但也不能要求高职院校成为成本最小化者，教育活动毕竟不是经济活动，它是以培养人才（育人）为宗旨的。只能要求高职院校充分地利用各种资源，获得尽可能多、尽可能好的产出。第一，应使高职院校成为具有一定决策权力与独立利益的办学法人实体，形成高职院校追求效率的内部动力。第二，政府和社会应建立从外部刺激高职院校注重资源利用率的制度和机制。如果建立一套科学的高职院校资源利用评价指标体系，由社会教育中介机构定期对高职院校评估并公开化，也会形成高职院校提高资源利用率的社会压力。

（六）高职教育管理效能与高职院校的组织特征

有关研究结果显示，高职教育管理效能与高职院校的组织特征密切相关，而其中最重要的概括起来就是组织、个人、技术和文化四个方面的要素。管理效能可以划分为两个层次，分别是组织效能与个人效能，其中个人效能是基础，组织效能是目标，而无论是组织效能还是个人效能都受到两个因素的影响，即技术与文化。技术与文化是组织效能和个人效能的重要支撑条件。必须强调的是，影响高职教育管理效能的这些因素应该保持一种"一致性"，即当这些要素保持一致时，管理效能才能得到强化。这种"一致性"要求各要素之间既要互相协调，又不阻碍其他要素效能的发挥。

值得强调的是，在这四项要素中，文化是组织效能重要的软支撑条件要素。仅有精良的技术设备硬件要素还远远不够，一个组织的文化对于组织效能的影响往往更为深远。组织文化是组织在长期的实践中积淀形成并为其成员所共享的价值观体系和行为规范体系。组织文化通过给个体施加团体行为规范的压力，潜移默化地使个体行为组织化。高效能的组织一定具有优良的组织文化，高职行政机关部门只有形成尊重人、信任人、民主平等的组织文化，才能更好地激发教师的工作积极性和自主性。高效能的组织需要一种积极的、催人上进的、能激发人的潜力并团结组织成员的文化氛围，在这样的氛围中，组织的各项工作往往可以事半功倍。现在许多高职教职工的压力越来越大，这与宽松自由的心理预期存在很大落差，从而形成了令人紧张和浮躁的压力文化。在这种文化氛围下，短期目标被过度强化，而对人的关怀则有所忽略，教职工的创造力和自由思想也容易被束缚，在工作中也更容易产生误差和焦虑情绪，从而影响了工作效能。

五、从社会学的视角考察高职教育效率

（一）考察高职教育效率的维度

在社会学的视域下，高职教育的效率应从高职教育的目的达成和功能实现程度两个维度来考察。合目的性应该是考察高职教育效率的第一个基本维度要素；功能实现程度则主要体现在高职教育促进阶层流动和促进学生个性充分发展这两个方面。

1. 合目的性（实质性）是考察高职教育效率的第一个基本维度要素

教育的目的就在于满足社会发展的需要和人自身发展的需要。对于高职教育来说，这两个方面更是缺一不可。大学不仅承担着培养高层次人才、传承与发展科学和文化创新的任务，还是现代社会进步的理论与思想策源地，是引导人类社会走向文明、理性、高尚、智慧的研究中心和创造中心。而现实中，考察高职教育的效率，必须把"合目的性""合价值性"放在首位，必须在注重学生身心健康全面发展的基础上，去挖掘高职教育促进社会经济发展的价值。

2. 促进学生个性和谐发展是高职教育的基本个体功能

教育的作用是使人社会化。社会化的产物是人的个性。所谓"社会化",就是指将一个"自然人"转化为"社会人"的过程。高职教育促进学生个性发展的程度直接反映着其效率的高低。高职教育促进学生个性发展的功能发挥得越好越和谐,其效率就越高。

(二)提高高职教育效率的路径

要解决上述难题,提高高职教育的功能效率,需要社会各部门的积极配合和多项相关机制的配套改革,就高职教育系统内部而言,应着重解决好以下几个问题:

1. 合理定位,进一步明确高职教育的培养目标

明确高职教育的目的是设置合理的高职教育培养目标的基础和前提。随着经济社会的不断发展,对高职教育的需求越来越大,同时也日趋多样化,因此,高职教育的培养目标也呈现出多元化特征。校园是一个学习的中心,探求真理和学问是大学的核心价值。因此,应该把这些目的有机地整合起来,使教学、科研和促进经济发展、满足社会服务以及促进学生个性健康发展等功能相得益彰。总之,高职教育必须做到科学素养与人文精神并重,始终以促进经济社会发展、促进学生个体充分自由发展为根本旨趣。

2. 面向市场,调整高职教育结构

结构性矛盾是当前大学生就业面临的最大障碍,也是最亟待解决的难题。解决大学生结构性失业问题的一个根本举措,就是要面向社会和市场需求,灵活调整高职教育的结构。具体而言,包括两个层面:一是宏观上调整高职教育的类型结构;二是微观上调整高职教育的专业和学科结构。

3. 调整高职教育的课程结构

受重"学"轻"术"思想的影响,我国高职教育特别是应用型本科与高职高专教育在课程设置上往往以知识教育为主,忽视应用性技能的培养和训练。因此,在高职的课程设置上,应增加应用性、操作性、技能性课程的比例,以使大学毕业生能更快地适应工作岗位的实际需要。当然,要解决大学生就业难题,还需要加强对学生的职业指导,如建立健全毕业生就业服务网络系统等。

4. 注重辅导,强化对大学生的学习指导与促进

学生在学习过程中会遇到很多学习问题、学习困难。这些学习问题可能是学习目的、学习动机、学习兴趣、学习方法、知识基础、学习能力、学习习惯等方面的。为促进全体

学生的进步，就必须强化对大学生的学习指导。

5. 正确引导，加强对大学生的心理健康教育

就高职院校而言，对大学生的健康成长要正确引导，加强对大学生的心理健康教育。一方面，要营造大学生健康发展的校园文化氛围，在日常教育教学中，要始终把"学生的发展"放在首位，科学素养与人文精神并重，寓德于教；另一方面，高职院校要加强对学生的心理咨询和辅导，建立起一套科学化、专业化、制度化和规范化的心理健康教育体系，形成广泛宣传、积极咨询、危机干预的大学生心理健康教育机制。

6. 政策干预，完善高职教育弱势补偿机制

一是招生政策倾斜。作为一项公共事业，高职教育必须始终把"公平"和"正义"作为基本的政策取向，对弱势地区和群体予以补偿。其中，高职教育的入学机会公平是最重要的问题。

二是积极发展农村高职教育。所谓"农村高职教育"，特指发生在农村地域（县镇及以下）的高职教育。调整高职院校布局，实现高职教育向农村地区延伸，对增加农民子女接受高职教育的机会意义重大。当然，要重新调整高职院校布局，把高职院校从城市迁往农村也是不现实的。结合我国的实际情况，我们可以采取一定措施，积极鼓励和引导新建和扩建的高职院校或者高职院校分部到农村地区发展。

第二节　高职教育管理的秩序价值

一、秩序的内涵

（一）秩序的语义学分析

秩序，是一个古老而义恒常的话题。按我国的传统解释，"秩，常也；秩序，常度也"（《辞海》）。西汉学者毛亨曾云："秩，常也。"东汉经学家郑玄则曰："序，第次其先后大小。"古人所说的"言有序""长幼有序"都是对某种有规则状态的概括。西晋陆机在其《文赋》中曾写道："谬玄黄之秩叙，故涎涊而不鲜。"把"秩"和"序"连在一起使用，自白话文运动以来秩序成为一个现代意义的汉语词语，被广泛使用，《现代汉语词典》对"秩序"的解释是有条理、不混乱的情况。秩序也作秩叙，犹言次序，指人或事物所在

的位置，含有整齐守规则之意。按现代语境解释，秩序，乃人和事物存在和运转中具有一定一致性、连续性和确定性的结构、过程和模式等。

（二）秩序的多学科认识

"秩序"一词被广泛应用于社会的政治、经济、教育和日常生活之中，并且日益成为学术研究的常用词。所有与人类自身及社会的存续最直接相关的各种秩序类别可以统一地概括为"社会秩序"，包含诸如道德秩序、法律秩序、政治秩序、经济秩序、军事秩序、教育秩序、管理秩序等，这些秩序类型中有的与哈耶克所界定的"自发自生的秩序"和"人造的秩序"类型相交互，有的则具有复杂的综合性特征。

在秩序概念上，要避免只把秩序做静态考察的片面理解。秩序不仅包括静态秩序，还包括动态秩序。人的社会秩序实际上是人与人关系的常态。这种常态可能是相对静止的，也可能是相对变化的。即使正在变化的秩序也是一种有规则的秩序，而不是毫无规则的紊乱。人是运动着的生命，人的秩序都是人们交互作用的结果，是人们互动的过程和产物。因此，静态意义上的秩序在很大程度上都只能是相对的，而动态意义上的秩序是绝对的。那种只把秩序做静态理解的认识在观念上是错误的，在实践上则是有害的。没有对动态意义的秩序的清楚认识，就不可能有对管理的秩序价值的真切理解。

从系统论和复杂性科学的观点看，"秩序"的"序"，是一个系统的范畴，用来指称事物存在的一种有规则的关系状态，其含义不能与"经济秩序""法律秩序""政治秩序""社会秩序"等混淆，或做简单的比附（当然这些领域的研究也正日益吸取系统科学、复杂性科学的滋养）。一般而言，人们总是把"秩序"作为系统稳定程度的标志，追求系统的继续存在，即"有序"；警惕系统的瓦解，即"无序"。而在复杂科学中，"无序"被提升到与"有序"一样甚至更为重要的理论地位，法国著名思想家埃德加·莫兰就明确提出，无序概念的内容比有序丰富得多，无序是起组织作用的，组织是有序与无序的统一，需要重新加以认识，并实现有序与无序之间的对话。

（三）秩序的内涵特征

秩序的内涵具有丰富性和矛盾性的特征。一般而言，秩序包含着社会秩序和非社会秩序（自然秩序）两类。社会秩序是指人类社会运行中存在的基本架构、变化过程等的大致推定的程序和连续性，是人在社会生活的相互交往中依据一定的社会规范形成的。它包含着行为秩序和状态秩序，也包含着经济秩序、政治秩序、文化秩序，乃至生产秩序、工作

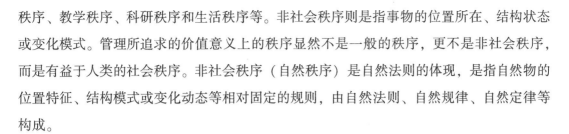

秩序、教学秩序、科研秩序和生活秩序等。非社会秩序则是指事物的位置所在、结构状态或变化模式。管理所追求的价值意义上的秩序显然不是一般的秩序，更不是非社会秩序，而是有益于人类的社会秩序。非社会秩序（自然秩序）是自然法则的体现，是指自然物的位置特征、结构模式或变化动态等相对固定的规则，由自然法则、自然规律、自然定律等构成。

（四）秩序的社会性意义

人类生活需要秩序，需要一种安定、稳固、连续、有序的生活环境，人类个体，则大多具有强烈的生活世界秩序化的要求。马斯洛曾经指出：我们社会中的普遍成年者，一般都倾向于安全的、有序的、可预见性的、合法的、有组织的世界；这个世界是他所能依赖的，而且在他所倾向的这个世界上，出乎意料的、难以控制的、混乱的，以及其他诸如此类的危险事情都不会发生。人类的发展需要一定稳定的社会条件，这些社会条件就包含着对秩序的要求。在混乱状态之下，当人的生存都成为困难的时候，人是无法顾及发展的。每一个人乃至所有人的发展，都会对秩序提出一定的要求。相对的稳定、和平、安宁是发展的客观前提。发展是一种在生存基础上的进步，如果说生存是非常需要秩序的，那么发展就更离不开秩序。

古今中外，任何比较繁荣发达的社会，其社会环境都是稳定而有秩序的。一旦社会陷入混乱之中，人们的正常生产劳动就会受到干扰或者被迫停止，社会的发展马上就会减缓、停滞，甚至倒退。战争、动荡给社会发展带来的一次次破坏都证明了这一点。这是因为，战争、动荡不仅使发展减缓、停滞，而且还会造成社会既有物质财富的巨大损耗，有时甚至是巨大的浪费。有序与无序从不同的方面影响着人类的发展。

在社会的意义上，秩序是管理的最基本的价值。管理作为一种具有外在强制性的行为，秩序必然对其具有重要的意义。维护秩序是管理最基本的价值诉求，也是高职教育管理最基本的价值诉求。

马克思说过，"规则和秩序本身对任何要包括单纯偶然性或任意性而取得社会的固定性和独立性的生产方式来说，是一个必不可少的要素"。规则不仅与秩序一样，为要摆脱单纯偶然性或任意性而取得社会的固定性和独立性的生产方式所必不可少，而且还是秩序必不可少的依据。规则对于秩序而言，具有必不可少的重要意义。

秩序这一术语将被用来描述法律制度的形式结构，特别是在履行其调整人类事务的任务时运用一般规则、标准和原则的法律倾向。同理，我们也可以说，"秩序"这一术语将被用来描述高职教育制度的形式结构，特别是在履行人类的高职教育活动事务的任务时运用一般规则、标准和原则的法律倾向。

秩序是高职教育管理的基本价值。任何管理，从秩序意义上讲，都要追求并保持一定的社会有序状态。所有秩序，无论是我们在生命伊始的混沌状态中所发现的，或是我们所要致力于促成的，都可以从法律引申出它们的名称。高职教育管理没有不为一定秩序服务的。在秩序问题上，不存在高职教育管理是否服务于秩序的问题，所存在的问题仅在于高职教育管理服务于谁的秩序、怎样的秩序。

秩序是高职教育管理的基本价值，但并不是高职教育管理的终极价值。除了秩序以外，高职教育管理追求的还有生存、安全、健康、幸福、公平、正义、自由、平等、人权、民主、法治、文明、发展等。秩序是高职教育管理的工具性价值，它与目的性价值共同引领着高职教育管理活动的健康运行。比如，秩序与自由就是一对对立统一的矛盾关系价值范畴，自由是秩序的核心和灵魂，自由并不是无条件的自由，需要秩序的限制，即秩序是自由的保障条件。但秩序对自由的保障是根本，而秩序对自由的限制是手段。秩序与发展的关系亦是如此，秩序如不以发展为目的就会变成僵死的秩序，发展如没有秩序做保证也就谈不上是可持续的良性发展。以此推之，高职教育管理的秩序价值与高职教育管理的其他价值之间，前者是后者的前提和基础，后者是前者的目的和发展。高职教育管理的秩序价值是连接高职教育管理与高职教育管理其他价值的中介，高职教育管理的秩序价值是高职教育管理的基础价值。

二、高职教育系统的"有序"和"无序"

（一）学科和系统之间的有序和无序

学科是高职教育系统底层结构中最基本的组织单位。由于不同领域的兴趣、观念和组织形式的推动，不同学科和专业领域日趋专业化，它们的聚集形式也越来越松散。学科结构变化的主要媒介寓于由专业类型决定的程序当中，高职教育系统环境的主要联系是以专业为基础的。大学、学院或研究所的每个学科部门都有跟外部单位联系的桥梁，但是局限于与同领域中外单位的联系。所以，在以学科为基础的底层结构中，变化总是在跨单位的学科内部发生。单位外部环境的变化直接影响单位内部的某个学科。

"消费者需求"和"劳动力需求"这样重大的环境因素以及地位较高的一些单位成为样板之后造成同领域的其他单位变革的压力等原因，常常是学科专业变化的重要原因，但这种变化是非线性的，不同门类和不同系统的专业质量往往相差很大。学科变化遵循的是无序的逻辑。变化可以因学科的内在逻辑而受阻，也可以因它而发生。这些变化的特征在一些学科中比较明显，而在另一些学科中则不那么明显。但它总是始于比较有活力的中心，然后向比较平静的边缘辐射，通过这种辐射把同一个研究领域的人联结在一起。

但学术系统上层结构有着相当不同的变化方向、动力和媒介，金字塔形上层结构主要遵循上下明确一致的逻辑，行政管理的要旨就是上下协调统一。上层结构赖以存在的一个主要理由是，通过秩序能使本来会四分五裂的学科、单位和部门联系起来。统一的趋势甚至会超出一国的范围，一些国家（如西欧一些国家）的高教系统由于寻求对等的课程和学位，以及共同的就业权利和地位等原因，在一定程度上出现联合态势。总之，上层结构的特征是统一的，它的最高信条是系统化，再系统化，不要让任何不规则现象逃过人们的眼睛。上层结构的膨胀、复杂化和对外联系的增多，导致许多外界的潮流和需求成了"国家的需要"，且成了行政人员要处理的公务，有的甚至上升为法律法规。

（二）上层结构中的有序和无序

高教系统上层结构的秩序还存在着一种相反的逻辑，即集团的分化及其相互竞争。不同的集团都是不同利益的代表者，而且这种利益集团存在明显的对应分化，上层的多元化反映了上层结构中"下层"的多元化。在上层结构中，下层组织在上层有自己的代表，因此，就会有代表不同下层组织利益的上层代表为自己的利益说话，利益的多元性也导致了意见的多样化，往往是上层结构的不同利益集团为了控制资源和达到各自的目的，因而接二连三造成无序。但同时，他们又必须为维护上层结构的统一而共同努力，甚至妥协。但妥协各方所做出的调整并非稳固不变，权力市场总是潜伏着不稳定因素，具有"内禀随机性"。

（三）底层结构中的有序和无序

底层结构中占优势的是无序的逻辑，这种无序的逻辑也会受到与它相反的逻辑——统一的课程计划和不同学科合作项目的干扰。因为教师选定课程往往是根据自己的专业兴趣，这样，不同的专业兴趣使得整个课程安排会变得杂乱无章。而系科的任务就是要在杂乱无章之中理出头绪，制订出课程计划，并且根据不同的需要，把一个系的课程划分成主修课程、辅修课程、限制性选修课程、任意性选修课程等。高教系统底层结构中的无序和有序的对应在一定程度上表现为学术研究的自然倾向和传授知识要求之间的矛盾。学术研究是个人根据各自的兴趣进行的，它要求不断打破已经建立的有序，使教材和课程不断更新，在一定程度上呈现出无序状态。而传授知识必须有序，取自各专业的知识只有被整理加工才能传授给他人，这就要求能从无序中理出头绪，找出有序。

高教系统较高层次的不同院校部门之间同样存在有序和无序，研究性大学的发展主要依靠学科本身的动力，从事科研的教授首先遵循他们的专业兴趣，其次才顾及学生的需求。而服务性学院的发展则依靠消费者的推动，教师的活动首先必须听从为了吸引学生而制订教学计划的指挥。从某种意义上说"研究性大学是靠内力驱动的，它接受诸多学科的指令。服务性学院是靠外力驱动的，它在很大程度上靠满足消费者的愿望而生存"。再者，各类院校在科研和教学的结合上各有不同，而且在不同时期其侧重点也会有显著差异，这主要是根据学生的生源（消费者需求）而定。当生源充足时，学校重视的是校内教职工的需求，而当生源短缺时，学校关心的则是如何吸引学生。

（四）有序和无序相互转化的演变

有序和无序不是截然相对的，它们是辩证的统一。有序可以产生无序，无序中孕育着有序，是一种"混沌序"。美国是分权制国家，教育行政管理权在州，由州教育委员会（教育厅）负责管理本州的教育事务。但实际上，大多数州往往将教育权限授予学区，基层办教育有很大的自主权，而且，州以下各级教育行政机关之间也不存在直接的行政隶属关系。因此，在美国，大学各有各的个性，无法用一个统一的标准去比较，大学的风格和特色千姿百态，可谓"无序"。但正是这种看似"无序"的状态，适应了市场的不同需求，迎合了人们的各种偏好。

再如法国，它是中央集权制的典范，法国中央政府设立的教育部是全国最高教育行政机构，对全国教育实行高度集中和统一的管理。高教系统的这种有序安排在社会飞速发展变化的情况下，常因为无法及时地应变而陷于僵局和瘫痪。

因此，高职教育系统的有序和无序普遍存在，这种有序和无序，其实质就是混沌而不是混乱。高职教育系统既不断地产生五花八门的形式，又不断地实施有条不紊的操作。这种有序和无序相互作用，相互激励。高职教育组织形式在一定程度上依靠产生并维持反变革的倾向来限制变化。或许，变化与反变化的矛盾对于适应机制来说是必不可少的，因为一个适于应变的体制正是靠着无序和有序之间的对立，才免于一成不变的。

我国的高职教育正处在不断改革发展的关键期，我们应该有充分的认识，要科学地分析、冷静地思考，借鉴先进经验，理性地应对高职教育系统的状态，使我国高职教育沿着健康有序的轨道前行。

三、高职教育管理中的学术秩序

高职教育管理的组织系统是一个有序的系统，各个系统之间通过自组织系统效应和相互联系形成了和谐的关系系统。

（一）社会转型与大学学术秩序

1. 转型期我国社会的秩序问题

社会转型是指社会经济结构、文化形态、价值观念等方面发生深刻的变化。社会转型实际上就是制度整体性或局部性的转变。社会转型的主体是社会结构，它是指一种整体的和全面的结构状态过渡，而不仅仅是某些单项发展指标的实现。社会转型的具体内容是结构转换、机制转轨、利益调整和观念转变。在社会转型时期，人们的行为方式、生活方式、价值体系都会发生明显的变化。由于制度是秩序最重要的要素，有什么样的制度就会有什么样的秩序，所以，社会转型期"秩序问题"从秩序的要素上看也可以说是"制度问题"。因此，应对"秩序问题"从某种意义上说就是应对"制度问题"。现代大学制度简单说就是符合现代大学理念的"善的大学制度"，是关于大学的权力与利益安排的"善"的规则体系。现代大学制度包括外部制度和内部制度。外部制度处理大学与政府、大学与市场和大学与大学之间的关系；内部制度处理大学内部的各种关系。

"大学学术秩序"是大学秩序进而也是社会秩序的一部分，是现代大学制度的重要核心内容。大学学术秩序是大学学术系统存在的一种有规则的关系状态。转型期我国社会的"秩序问题"总体上包括政治秩序问题、经济秩序问题、文化秩序问题、教育秩序问题。"大学学术秩序问题"是教育秩序问题的一部分，所以也是转型期我国社会"秩序问题"的一部分。社会转型期"秩序问题"的应对和解决过程也就是"现代制度"的构建过程；同样，社会转型期"大学学术秩序问题"的应对和解决过程也就是"现代大学制度"（最主要的是现代大学学术制度）的构建过程。

2. 高职教育系统转型所带来的"大学学术秩序问题"

我国原来的高职教育系统是和政治、经济上的计划体制相适应的计划性高职教育系统。改革开放以后，传统高职教育系统也开始了现代转型。高职教育系统转型的方向是从与政治、经济、文化上高度集权的计划体制相适应向与社会主义现代市场体制相适应的高职教育系统转变。社会转型的核心是制度的转型。高职教育系统的转型也是以高职教育制度的转型为核心的。高职教育制度的转型就是从传统高职教育制度向现代高职教育制度转变，最主要的就是建立现代大学制度。所以，建立现代大学制度最主要的就是要建立现代大学学术制度，以保障好的大学学术秩序的形成。

而高职教育制度"全面改革"时期下的高职教育秩序转型相对来说是一个较急剧的、整体推进的过程。在这个过程中出现了较多的"高职教育秩序问题"。这些问题背后一般都蕴藏着较剧烈的权力和利益的冲突，很容易激化矛盾，有些甚至威胁到整个高职教育系统和社会的稳定。可以说，在大学制度的全面变革时期，"大学学术秩序问题"的大量出现不是偶然现象，而是这个时期所必然出现的。这些大学学术秩序问题所反映的主要是大学学术制度所规范的学术利益的重新分配和学术权力的重新配置过程中的矛盾和冲突。但是，理论界对现代大学制度研究是以"大学"为中心的，缺乏从"制度"和"秩序"的视角进行研究；虽有一些关于大学制度的研究，但主要是对大学的"自由"问题的研究，对与"自由"相对的秩序问题不够重视；虽有对大学秩序的研究，但大多是关于大学的政治秩序和经济秩序的研究，而关于大学学术秩序的研究较少；虽有对大学学术的研究，但关于"学术"的较多，与"制度"和"秩序"的联系较少；多是就大学学术秩序问题研究大学学术秩序问题，缺乏从大学学术秩序的原因、条件、影响因素等更深层的角度来剖析，其中尤其缺乏从制度原因的角度来分析大学学术秩序。

（二）基于现代大学制度的"学术秩序"

1. 现代大学制度与大学学术秩序

从领域来看，现代大学制度包括现代大学政治制度、现代大学经济制度、现代大学学术制度，"大学学术秩序"基本上是与"现代大学学术制度"相对应的概念。"现代大学制度"与"现代大学秩序"则完全是相对的一对概念。"大学秩序"可以分为"大学政治秩序""大学经济秩序""大学学术秩序"，"大学学术秩序"是与"大学经济秩序""大学政治秩序"相对的一个概念。如果把自由和秩序作为大学制度的两个相对的维度，则"大学学术秩序"与"大学学术自由"是一对完全对应的概念。

2. 现代大学制度与大学秩序

现代大学制度是一定的大学秩序，也是一定大学学术秩序的前提和保障，（现代）大学制度先于大学秩序和大学学术秩序。制度决定秩序，有什么样的制度才会有什么样的秩序，有"现代大学制度"才会形成现代的大学秩序和现代的大学学术秩序。同时，大学秩序及其学术秩序可以反作用于现代大学制度：①大学秩序和大学学术秩序的矛盾状态（问

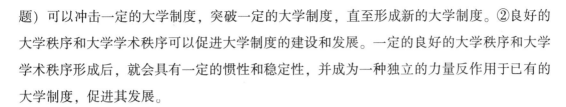

题）可以冲击一定的大学制度，突破一定的大学制度，直至形成新的大学制度。②良好的大学秩序和大学学术秩序可以促进大学制度的建设和发展。一定的良好的大学秩序和大学学术秩序形成后，就会具有一定的惯性和稳定性，并成为一种独立的力量反作用于已有的大学制度，促进其发展。

3. 从我国的政治逻辑看

"现代大学制度"从纵向来看由很多"条"组成，这些"条"和"大学学术系统"的"条"是交叉的。"现代大学制度"从横向看，又可以分为"人事制度""教学制度""科研制度""后勤制度""学生管理制度"等"块"，"大学学术秩序"就分布于这些"块"中。这些"块"又是纵向的"条"的组成部分。可见，"现代大学制度"和"大学学术秩序"分属于不同的"条块"中，二者都不能涵盖对方，二者的关系和相互作用比较复杂。因此，我们有必要把"大学学术秩序"作为"现代大学制度"中独立的问题进行研究。可见，从逻辑上看，大学学术秩序在现代大学制度中也具有重要的合法性。

（三）教学秩序

价值是主体与个体之间的一种特殊意义关系的反映，价值存在于主客体相互作用之中，是一种关系范畴。人作为价值主体，其一是具有自觉的价值意识；其二是具有能动的价值创造能力；其三是具有多维的价值尺度。教学秩序的价值是教学秩序对人的一种具有积极意义的关系。教学秩序是在同人发生关系，满足人的各种需要和利益的过程中，实现其价值的。教学秩序的价值是指教学主体（教师与学生）的一种具有积极意义的关系，也就是说，教学秩序在教学过程中能够满足人的需要和利益的属性以及对人的生存和发展具有的积极意义。教学秩序作为教学的重要保障，在价值多元的背景下，教学秩序的价值趋同于它的育人价值，这是其根本所在。人在适应秩序的过程中，秩序也在不断适应人的发展。教学秩序作为一种特殊的社会秩序，围绕师生这个教学共同体而形成，始终是以"人"为中心。我们在关注教学秩序管理的同时，要关注"育人"的根本，这样教学秩序管理才能达到其根本的效果。

教学秩序是围绕师生之间的教学活动动态形成的，逐渐由规则演变为一种教学状态。其一，教学秩序与规则关系紧密；其二，教学秩序总是表现为一种特定的状态；其三，教学秩序更多地通过教学过程中师生的互动行为体现出来。由此我们可以看出教学秩序逐渐由规则演变为一种教学状态，随着研究不断深入，教学秩序成为人们关注的一种合理化进程。课堂教学秩序无疑是教学秩序的核心。

教学秩序就是指教学系统诸因素之间经不断协调、整合而形成的适宜状态。具体而言，教学秩序就是指在特定的教学环境下，教师和学生双方为了达成预期的教学目标，共同研究某一个具体的教学内容，并通过选择合适的教学方法、媒体及手段，进行双向建构、深入对话和有效合作而形成的一种使师生双方都能充分浸染于其中的有序状态。教学秩序的合理性具体表现为合目的性与合规律性的统一，即"什么样的教学秩序是合理的""教学秩序怎样作用于学生才是合理的"，应体现工具合理性（工具理性）与价值合理性（价值理性）的统一、交往合理性与实践合理性（实践理性）的统一。

教学秩序的建立是为了教学实践，教学实践是为了学生的发展，那么教学秩序的最终目的也应是学生的发展。教学秩序的合教学目的性主要是指教学秩序应当符合教学自身的价值取向和发展目标。这种价值取向从教育的宏观层面上说应当服从社会发展和历史进步的价值导向，从个体层面上说应当有利于教学主体个体自由的提升，有利于个人真正全面的发展。教学目的是教学活动的预期结果和努力的方向。教学的目的并不是教学本身，教学目的的根本所在是学生的发展。教学秩序规律性主要指教学秩序同客观教学生活的"理"（规律）是一致的，即教学生活及其法则对教学秩序具有制约作用。教学生活本身作为客观性的存在，同客观世界一样，也具有以"普遍性的形式"存在的规律，即客观教学生活世界的"理"。教学秩序的规律性就是教学秩序符合教学规律，符合一定的规律是合理性之所以能够掌握真理、实现目的的原因。

所以，教学秩序的合理性首先要符合教学发展变化过程中的本质联系和必然趋势。

第三节　高职教育管理的民主价值

民主与教育、民主与教育管理、民主与高职教育管理问题，是非常重要的教育哲学问题、教育管理哲学问题和高职教育管理哲学问题。在西方学术领域，哲学家、管理学家、思想家不断对这个主题进行探讨与研究。当前结合学校实际进一步探讨这个问题，在高职教育管理领域更具有现实的意义与理论价值。

一、高职教育管理的民主理念

民主作为高职教育管理的基本价值体现在两个方面：一是体现在高职教育的民主化；二是体现在高职教育管理的民主化。

（一）高职教育的民主化

联合国教科文组织在 20 世纪 70 年代末的一次区域性会议上对教育民主化的这种丰富而复杂的内涵给予了一个总的概括：教育民主化既涉及入学机会均等，又涉及学业成功机会均等，还涉及教育形式的多样化，教育面向社会和生活，以及在教学内容、教学方法和教学组织中培养新精神。

高职教育民主化的核心是教育机会均等。一种是英才教育的教育机会均等，即民主并不是要求高职教育向所有人开放，而只能允许那些对智力劳动有兴趣和有能力的人进入大学。法国哲学家吉尔松认为，因为国家是民主的并趋向有条件的平等，它应当经常保障接受知识精英。为此目的，国家应当促进并接受精英十分必要的人文主义类型的教育。另一种是平均主义的教育机会均等，即仅把接受高职教育作为人的一种权利，要求高职教育向所有人开放。

从高职教育机会均等来说，它的一个重点，也是难点，就是如何为处于不利境况下的人群提供机会均等的高职教育。这也是高职教育机会均等的一个历史难题。由于高职教育机会均等本身的复杂性和多义性，以及政治、经济和高职教育自身等因素，世界各国在解答这一问题上虽然做出了不懈的努力，但并不是一帆风顺的。

要实现不利境况下的人受教育机会均等，必须面对和解决两个难题：一是他们前期教育的缺失导致成绩不佳，因而如何解决其前期教育问题便成为实现高职教育机会均等的先决条件；二是公平与质量（大众化教育与精英教育）这一对矛盾如何处理的问题。

（二）我国高职教育民主化

我国目前采取措施，帮助少数民族学生和经济困难的学生接受高职教育。高等学校必须招收符合国家规定的录取标准的残疾学生入学，不得因其残疾而拒绝招收。国家设立高等学校学生勤工助学基金和贷学金，并鼓励高等学校、企事业组织、社会团体以及其他社会组织和个人设立各种形式的助学金，对家庭经济困难的学生提供帮助。获得贷学金及助学金的学生，应当履行相应的义务。随着高职教育体制改革，许多高职教育建立和健全了有关资助贫困学生的基金和贷学金制度，社会对帮助这些学生克服经济困难也付出了极大的热情和爱心，但我国各地区经济发展不平衡，仅有高职教育的努力、社会的爱心是远远不够的。

（三）高职民主管理

民主化与国际化、科学化、现代化等一起构筑了当今世界高职教育发展的基本框架，并且向大众化的民主教育模式演进，民主已经成为教育的真正灵魂与不竭的发展动力。

在大学内部，民主化的发展包括决策管理的民主化，也涉及师生间在教育教学互动过程中的地位均等及相互的尊重等方面。从大学的基本性质与主要功能来考量，教育教学方式的民主化理应在高职教育民主化进程中占据首要地位。自 20 世纪 90 年代末期开始，我国高职教育的发展开始步入快车道，与此同时，在大学内部，管理决策的民主化及教育教学的民主化在深度和广度上不断推进，如强化教代会、工会在管理决策中的地位和作用，强调学生管理的制度化与人性化，重视学生权益和学生权利。

（四）教学民主化

教学民主化是高职教育管理民主化的核心。所谓教学民主化就是指在教学领域体现民主精神，创造民主平等的条件和气氛，建立民主平等的师生关系，采用民主的教育方法，调动师生双方的积极性，培养学生的自主精神，使学生得到和谐全面的发展。教学民主化是民主思想在教学领域的全面渗透。

教学民主化的主要特征是：①把教学过程建立在师生合作的基础上；②确立"以学生为主体"的教学思想；③承认差别，贯彻因材施教的原则。

二、高职教育组织内学术决策权

（一）学术决策权的来源

所谓学术决策权，是指高职教育组织内不同层面的机构与个人在对学术事务、学术活动等学术问题做出决策时所拥有的权力，是学术权力的特殊表现形式。它主要来源于三种渠道：其一，凭借对专业知识、专业技能的掌握或垄断获得；其二，通过职位和制度而获得；其三，通过所控制的资源获得。

（二）学术决策权的分配形式

由于高职教育组织是由纵向行政机构与横向学科机构所形成的矩阵结构，因而学术决策权在分配时有两种情形，即纵向的层次分配和横向的多元分配。

1. 学术决策权的层次分配

所谓层次是指高职教育组织在纵向上不同级别的划分。从典型意义上还可将其分为基层、中层、高层三个层次。

2. 学术决策权的多元分配

主要指高职教育组织横向上的学科结构享有学术决策的独立性。首先，高职教育组织中的大学是具有办学自主权的独立法人，一所大学在做出学术决策时一般不受其他大学的影响，它也无权决定其他大学的学术决策。其次，在同一大学内部，存在许多相互独立的、联邦式的学科组织，如学院（学部）、系（讲座）等。最后，高职教育组织是崇尚学术自由的组织。学术自由实际上是学术人员自主选择学术信仰、学术专业，确定学习研究方向、方法及判定出版学术成果的自由决策权。

（三）学术决策权分配的途径

1. 学术分权的途径

学术分权主要有大学自治、学术自由、教授治校、高职教育组织内基层组织学术权力的扩张等表现形式。它们主要通过以下几种途径得以实现：①对专业知识或技能的掌握或垄断。②立法分权。主要是通过法律将传统的学术进行分权，如对大学自治、学术自由等予以规定和保障。③制度分权。主要指在高职教育组织内部，考虑到规模和活动的特点，在工作分析、职位和部门设计的基础上，根据各管理岗位工作任务的要求，规定必要的学术决策职责和权限。④学术授权。主要指高职教育组织内拥有合法的、制度性学术决策权的上级行政机构或人员将从事某种特殊学术活动、学术事务的权力授予经过专门选择的高职教育机构或高职教育机构内的某级学科组织或某个具体学术人员。

2. 学术集权的途径

学术集权主要表现为以国家政府、市场为代表的外部非学术力量对高职教育组织内学术的干预和控制、大学内部行政势力对学术的干预和控制、学术自由度的限制等几个方面。它的实现主要通过以下几种渠道：①立法。立法并付诸实施不仅是保证大学自治、学术自由等学术分权的重要途径，更是政府等非学术力量对大学学术进行干预和控制的有效手段。②财政拨款。高职教育是耗资巨大的事业，它的生存和发展需要外部源源不断的资源投入。③制定规划。它涉及国家高职教育的规模、结构和发展速度，因此极受统治者重视。④评估。一般有外部评估和内部评估两种方式。外部评估是指政府通过一定方式对大学的办学状况进行判定。内部评估是指高职内部组织的评估人员对学校学术建设的评估。⑤行政命令。在学术集权的过程中，行政命令虽然不常用，但亦是手段之一。

三、教授治学制度的建设

虽然各国大学在办学特色上不尽相同，但在学校的内部管理制度方面却体现着共同之处，即"教授治校，给教授较大的决策和管理权"。蔡元培是我国倡导"教授治校"的第一人，他在 20 世纪 10 年代起草的《大学令》中就有设讲座、评议会和教授会的规定。

（一）"教授治学"是教授委员会制度的本质

近几年，我国高职普遍存在着院士或知名科学家担任大学校长的现象，实践证明，这一做法是有着很大的弊端的。因为现代社会越来越复杂，现代大学的规模越来越大，呈现巨型化、多校区化、多校园化的趋势，对大学校长的专业化、职业化管理提出了更高的要求。同时，治校的核心在于管理，而管理则是一个内涵极为丰富的概念，它包括管理者对组织目标的设定及根据这一目标对该组织系统所实施的组织化、制度化、程序化的一系列社会实践活动，尤其是获得各种资源并合理配置，使其充分发挥作用、提高效益的活动。对于大学这样一个从人员到任务都十分复杂的综合性学术组织而言，其管理就更不能是以教学、科研为主旨的院士、教授所能承担了。科研的优秀者并非管理的杰出者，因为二者是截然不同的心智活动。因此，"教授治学"更适合现代大学的实际情况，更能反映教授委员会的本质要求。

（二）"教授治学"的内涵

1. 治学科

学科是指按照学问的性质而划分的门类。大学本质上是围绕学科和行政单位组织的矩阵组织。作为从事高深专门知识加工和传播的高职，学科知识是组织形式，是大学结构的基础，是学科而不是行政单位把学者组织在一起。所以"治学科"是"教授治学"的首要任务。

学科既是大学教授从事学术活动的知识载体和组织平台，又是教授生存和履行其职责的根基。学科建设是大学改革与发展的龙头。教授参与管理大学的学科建设、专业建设、人才队伍建设等重大问题。治学科，就是要善于规划学科建设方向，凸显学科发展特色，培育学科建设团队，构筑学科发展高地，改变学科分割的散乱局面，确定群体观念，并最

终形成有利于大学学术发展的建设成果。

2. 治学术

学术是有系统、较专门的学问，是大学发展和真理追求的源头活水。大学制度建设的核心是学术自由、学术民主。作为学术机构的大学，学术的繁荣是大学实现可持续发展的不竭动力，如果学术缺少批判精神，大学的发展就失去了生命力。学术具有学科性、探究性、高深性、多样性、自由性、时代性和国际性的特征。大学教师是一个学术人。这里的学术，包括学术研究、学术责任、学术自主、学术制度、学术品格、学术创新和学术评价，其中学术研究是基础，它是大学的本质所在。"研"指"研磨"，"究"指"探究"，"研"求其细，"究"求其深。大学的学术研究，目的在于创新理论、发展科学、追求真理。教师对学术知识的"垄断"而形成的专业优势和在此基础上树立的学术权威是帮助学术权力扩张的基石。要使"教授治学"长久持续下去，真正凸显大学的学术本质，必须提高学者的学术含金量，树立学术权威。

3. 治学风

学风，包括学习风气和学术风气。治学风是治学术的重要方面。

4. 治教学

大学的根本任务是培养合格的高质量人才，教学、科研和社会服务这三大功能都是围绕"育人"这一中心任务展开的。治教学是"教授治学"的基本任务。治教学首先要求教授走进课堂给学生尤其是本科学生上课，其次是让教授广泛参与到教学管理中来。

（三）"教授治学"的保障机制

1. 进一步加强制度建设

制度是一个社会中的一些游戏规则，或者更正式地说，制度是人类设计出来调节人类相互关系的一些约束条件。在当今什么都讲制度建设的社会里，高职教育亦是如此。教授委员会毕竟是新生事物，虽然在理念上已经被大多数学者和管理者认同，但在实际操作中仍需要进一步完善。教授也可能为了学科利益或是自身的利益做出不符合其身份的事情，所以必须加强制度建设。

我国高职院校的教授委员会制度起步较晚，至今成立教授委员会的高职院校仍为数不多，其所发挥的功能也有所不同。一般而言，教授委员会共有三种类型：一是作为决策机构。这一类型的教授委员会一般发挥实质性作用，是具有真正学术决策职能的机构，为

"新型决策团体"；具有这种功能的教授委员会，其所做出的决策有优先权和控制权，在学术范围内所形成的决策，即便是与系、院行政领导有严重分歧，也仍以委员会的决策为主。二是作为咨询机构：这一类型的教授委员会一般是，当有需要审议事项的时候才召开会议，决策类型的教授委员会一般是，没有条件成立但已经体现出由教授治理学术事务本质的形式，其机构通常称为"教师会"。而要充分发挥教授在学术信息资源方面的优先权，就应该把教授委员会定位于基层的决策机构。

虽然门前的教授委员会仍存在着机构设立无章可循、有名无实，议事规则不健全、不规范、低效率、随意性等诸多问题，但其作为高职内部管理组织形式，"教授委员会"有着令人信服的感召力，在自主管理商校学术事务和监督高职院校教育行政事务上有着无可置疑的权威。"教授委员会"完全可以而且应当成为高职学术权力的组织载体，成为以教授为代表的教师群体民主管理高职院校教育事务的有效途径。

2. 宏观上加强国家立法，并以实施依法治校来保障

改革是一项系统工程。大学作为社会组织，不能脱离社会而存在，其存在与发展也离不开社会资源的支持。若想实现"教授治学"，从而长久实现学术自由，必须依靠国家用具有社会约束力的法律保证其强制实施。

第三章 高职教育的管理原则

第一节 高职教育管理原则的确立

一、企业与行政管理借鉴

高职教育管理的思想和方法很多来自企业管理的启发，有的甚至是借用企业管理的方法。因此，研究企业管理就成了必然。在企业管理中，重视管理的目的和目标、管理的效益、管理思想和方法等是值得我们借鉴的。

（一）管理的目的

通过计划、组织、领导和控制，使得生产经营活动规范并取得最大的效益和最好的效果，创造更大的价值。

（二）管理的目标

严格来说，管理就是指活动，管理没有自己的目标，或者并不存在自己独立的目标，而是依附于组织及其活动而存在的，不是为了管理而管理。管理的目标是与组织的目标联系在一起的。所以，我们研究管理的目标实际上是研究组织的目标，或者说，通过管理促进组织目标的实现。

（三）组织的产出目标

一个组织要开展活动，必须具有人、财、物和信息资源，组织所获得的这些人力资源、金融资源、物质资源和信息资源就构成了组织的投入。对资源或投入的运用就可以产生组织的成果。成果是组织活动过程的最终结果，通称为组织的产出。不同类型的组织，其成果的具体表现形式可能各不相同，但从一般的规范角度看，任何成果都可以从几个方面加以考察和衡量，特别是企业管理。

（四）产量与期限

产量是从生产多少产品或者提供多少服务项目来反映产出水平的。生产的产品数量可以用实物指标（如制造了多少钢材、生产多少台机床等），也可以用货币指标（如产值、销售额等）来衡量。至于提供的服务数量，在实物指标上表现为处理了多少维修任务，接待了多少客户，答复了多少个电话等，这些在价值指标上的表现就是完成了多少营业额。另外，任何产出都必须在规定的时间里完成才有意义。交货有个最后的期限要求，对组织中各部门每个人的要求也必须规定每天、每星期、每个月或每年需要完成多少数量的任务。离开了时间的规定，任何数量标准都将失去意义。

（五）品种与质量

无论是产品还是服务项目都必须按照顾客对其需求的类别和特性来提供。电冰箱如果不能制冷，其质量自然是不合格的，而电冰箱的款式、颜色要是不符合顾客的预期，也难以适销对路。因此，质量和品种是对产出的更内在、更本质的规定。对质量的测定可以通过产品的次品率、退货率，服务中的差错率及顾客的投诉来反映。

（六）成本花费

企业要将资源转化为成果，最理想的要求是使产出的产量和质量控制在既定的成本花费之内。这种控制通常是建立在拨给一个单位的经费预算上的。典型的经费预算是直接依据所产出成果的产量和质量来规定该项活动的成本花费标准的。

以上是从产出目标角度对组织将资源转化为成果的活动过程水平的一种衡量。其总的要求是，管理工作要确保组织在活动过程中能按质、按量、按期、低成本地提供适销对路的产品或服务。

（七）组织的效率与效果

组织的绩效目标是对组织所取得的成果与所运用的资源之间转化关系的一种更全面的衡量。组织的绩效高低表现在效率和效果两个方面。所谓效率，是指投入与产出的比值。例如，设备利用率、工时利用率、劳动生产率、资金周转率及单位产品成本等，这些是对组织效率性的具体衡量。由于组织所拥有的资源通常是稀缺、有价的，所以，管理者必须关心这些资源的有效利用。对于给定的资源投入，如果能获得更多的成果产出，那么，就有了较高的效率。类似地，对于较少的资源投入，如果能够获得同样的甚至更多的成果产出，便也有了高效率。然而，管理者仅仅关心组织活动的效率还是不够的，管理工作的完整任务必须是使组织在高效率基础上实现正确的活动目标，这也就是要达到组织活动的效果。效果的具体衡量指标有销售收入、利润额、销售利润率、产品利润率、成本利润率、资金利润等。利润就是销售收入与所销售产品或服务的总成本差值。利润是经市场检验的衡量效果的一项客观的指标。效率和效果是两个有联系但并不相同的概念。效率涉及的是活动的方式，它与资源的利用相关，因而只有高低之分而无好坏之别。效果则涉及活动的目标和结果，不仅具有高低之分，而且可以在好和坏两个方向上表现出明显的差距。如果说高效率是追求"正确地做事"，那么，好效果则是保证"做正确的事"。在效果为好的情况下，高效率无疑会使组织的有效性增大，但从本质上说，效率性和有效性之间并没有直接的联系。有时，一个企业的效率可能比较高，但如果所产生的产品没有销路，或者说不能满足顾客的需要，这样效率越高反而会导致有效性越差，因为，此时产品生产的越多，库存积压也就越多，导致企业赔钱也就越多。所以，一个有效的管理者应该既能指出应当怎么做才能使组织保持高效率，又能指出应当怎么做才能取得好的效果，这样的组织才具有最大的有效性。

（八）组织的终极目标

根据组织的性质不同，组织的终极目标可以有不同的表现形式。有一些组织以追求利润和资本保值增值为终极目标，这样的组织被称为营利性组织；另一些组织则以满足社会利益和履行社会责任为终极目标，称为非营利性组织。营利性组织终极目标的实现程度可以通过经市场检验的较为客观的绩效指标来衡量；对于非营利性组织来说，其终极目标的实现情况往往须依赖定性的和相对主观的指标加以衡量。但不论组织所要实现的终极目标有何差别，管理工作的使命基本上是一样的，即都要使组织以尽量少的资源尽可能多地完成预期的合乎要求的目标。只有这样，才能称得上是有效的管理。

（九）管理思想与方法

管理的实质是权力的利用和利益的分配，没有任何不存在权力和利益的管理。管理的方法多种多样，目前，还没有谁能准确地归纳出究竟有多少种管理方法。只能大致地、根据各自的思维方式进行归纳。传统科学管理思想和方法是以提供劳动生产率为目的而实施的具体措施。现代科学管理思想和方法在传统管理思想和方法上增加了现代科学思想和现代技术的元素，特别是其他学科知识在管理学科知识中的运用，管理学科知识在其他学科中的交叉，使得现代科学管理思想和方法更加丰富。因此，产生了许多新的管理思想和管理理论。管理思想经历了工业管理、人际关系、结构主义等发展时期。每一种新的管理思想的出现都是对前人管理思想的修正和完善，而不是否定。如今，我们注意到，科学管理时期，泰勒在管理方面的研究是同教育中测量活动（如智力和成就的标准化测验）的兴起密切相关的。人际关系理论将注意力集中于组织的心理与社会方面，员工的参与、满意、合作及士气与团体的凝聚力有可能使生产率得到提高，这种思想也影响到参与性的管理。组织行为时期把古典的及人际关系的思想合并在一起，并从社会科学和行为科学中吸取一些适合于系统管理的知识和思想，最终使各种管理知识系统化和一体化。

中国高职教育管理能借鉴给企业管理的不是太多，但是企业管理对大学内部管理的影响正在逐步加深。不过，企业管理对大学管理的影响最先反映的是在管理的方法上，主要是探讨借鉴企业管理的方法，如"目标管理""绩效管理""能级管理""人本管理"等思想和方法，在很多大学试行取得很好的效果。

随着中国体制改革的深化，必将影响到高职教育体制改革，改革的趋势与结果必将是高职教育行政管理越来越弱化，适应现代市场经济社会的高职教育管理思想和方法将会出现。

二、高等教育管理活动的特点

大学并不是企业，大学是事业性机构。以基本的利益原则来衡量，它们并没有被视为关心业主投资得到回报的企业组织，而是被视为为学生或整个社会服务的事业性组织。

这并不是说高职教育管理者不关心或不应该关心实现目标过程中的有效性和效率问题，相反，大学在行为方式上需要企业精神，但是，大学的管理者和领导者必须认识到这些组织与企业的区别，并在实现其目标的过程中把这些区别考虑进去。

任何高职教育管理活动都是围绕高职教育的目标这个中心来开展的。只有遵循高职教育管理的客观规律，才能顺利地实现既定目标。一般认为，高职教育的基本规律及其特殊性包括两个方面：一是高职教育与社会协调发展；二是高职教育与受教育者身心全面发展相适应。高职教育管理原则必须以这两个方面为前提才能避免高职教育管理与高职教育工作之间的对立和冲突，最终提高管理效益。与一般管理活动相比，高职教育管理活动存在

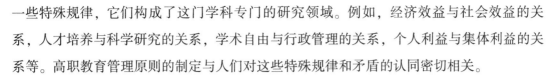

一些特殊规律，它们构成了这门学科专门的研究领域。例如，经济效益与社会效益的关系，人才培养与科学研究的关系，学术自由与行政管理的关系，个人利益与集体利益的关系等。高职教育管理原则的制定与人们对这些特殊规律和矛盾的认同密切相关。

与高职教育系统相对应，高职教育管理原则也构成一个系统，它同样具有目的性、相关性和整体性。原则体系的目的性在于指导具体的管理实践，使管理工作更符合客观规律；原则体系的相关性则指涉及高职教育管理过程的每一条原则相互依存、相互补充；原则体系的整体性在于各原则围绕怎样提高高职教育管理效率这一目标结合为一个整体。一方面，高职教育管理作为整个行政管理系统的子系统，应充分体现现代管理科学的基本原则；另一方面，高职教育管理原则应能统领各层次管理的具体原则和工作方针。在确立高职教育管理原则之前，我们还有一项重要的工作要做，那就是对高职教育系统组织特征的分析。只有将一般的管理原则置于高职教育特殊的组织背景下，才能做出对高职教育管理原则的恰当概括，并在较深层面上理解和运用这些原则。

有了上述关于高职教育管理原则确立依据的分析，我们便有可能对现有的各种高职教育管理原则的表述做出评判。例如，"计划性"只是在高职教育管理领域的某一环节具有意义，却不能涵盖整个高职教育管理领域；"教育性"是强调环境的教育作用及各级管理人员以身作则的模范作用，属于广义的教育学要研究的范畴；"科学性"是一条具有普遍意义的原则，它与"方向性"属于同一层次的概念，是指导所有管理活动的基本原则，没有体现高职教育管理的特征；"规范性"属于更为具体的管理手段，是提高管理效益的前提，可以把这一要求作为"高效性"的一个方面来讨论；至于"民主性""激励性"等，也是一般管理原则问题。总之，在现代社会的文明进入到一个新的发展时期的情况下，我们把高职教育管理的基本原则确立的基础归纳为四句话，即和谐为先，法制为上，公平为本，效益为果。

第二节　高职教育管理的基本原则

一、高效性原则

高职教育管理的高效性原则是高职教育管理本质的直接体现和具体化。它要求以一定的高职教育资源投入培养和提供更多的合格高级专门人才和高水平的研究成果，或者说培养和提供一定数量的合格人才和研究成果，投入的高职教育资源要求最少，产出的数量与质量高，从而表明高职教育管理的活力越突出。

任何一种社会机构或组织的活动都需要进行效益管理，都需要提高其工作效率。高效性原则揭示了高职教育管理追求的目标，这就是良好的办学效益，它包括经济效益和社会效益。办学效益的评判标准应该是高职教育所培养的人才和提供的研究成果对社会进步、经济发展、文化进步是否起到最佳的促进作用，高职教育在实施过程中是否最大限度地利用了各种资源，最大限度地减少了浪费。高职教育在总体发展规划、具体专业设置、人员聘用、经费使用等方面必须具有充分的灵活性和活力，这是保证办学效益得到提高的前提条件。不过，虽然如其他领域一样，高职教育系统也关心管理的效益，但联系高职教育的组织特征（如总体目标的模糊性、利益联系机制的松散性等），在分析高职教育办学效益时，有两点需要注意：一是在一定的周期内，高职教育所花费的成本和实际获得的经济收益很难精确衡量；二是高职教育的社会效益更无法用数字量化。通常能够计算出来的只有某些资源的利用情况，如人员、经费、设备、时间、图书资料等的使用效率可以得到一个概算。过去几十年，人们越来越关注教育组织的效益很大程度上取决于其人力资源的质量和状况。人力资源计算作为一门技术正在形成，依靠这一技术，我们可以计算一个组织中人力资源的价值，并估计管理政策的影响。但教育管理活动的复杂性和多样性使现有的技术无法对一些无形的、间接的、综合的、迟效性的教育管理效益做出客观、精确的测定。这就使我们难以回答如何才能促进高职教育管理效益的提高，或者说有哪些因素影响着高职教育管理效益的提高。

有的学者提出了测量教育管理效率的五个方面可供我们参考：①用人效益。指成员潜能的发挥程度，具体考察现有人力、在用人力、实际有效使用人力，计算有效人数与实际人数的比率。②经济效益。指投资的实际经济价值，投入与产出、有用耗费与无用耗费、有用效果与无用效果。③时间效益。指时间运筹的有效利用率，法定工作时间与实际有效利用的工作时间的比率。④办事效率也指工作效率。管理机构处理公务的实际成效，已办的与应办的，正确处理的与处理不当的，未办公务中由客观因素导致的件数与由主观因素导致的件数的比率。⑤整体综合效益。指教育管理的社会效果，社会承认、满足的程度等。

二、整体性原则

高职教育管理整体性原则既决定于高职教育系统的整体性，又受制于培养高级专门人才的高职教育目的。管理是一个为了达到同一目标而协调集体所做努力的过程。目标不但为管理指明了方向，而且是一种激励被管理者的力量源泉。特别是当组织的目标充分体现组织成员的共同利益，并使之与每一个成员的个人目标结合在一起时，就会极大地激发组织成员的热情、献身精神和创造力。在高职教育管理系统中，管理过程的各个环节及各个方面也是围绕一个统一的目标（培养人才和开展科学研究）而运转的。这个统一的目标使得高职教育的各项工作融为一个整体，高职教育就是要从这个整体出发，协调各环节和各方面的管理工作。系统的最大特点在于整体的功能大于各部分之和，这一系统原理为整体性原则提供了理论依据。系统的功能不仅体现在数量上，更重要的是体现在本质上。通常系统的整体功能相对于各组成部分的功能来说是一种质变。实际的管理工作中，经常遇到局部与全局的矛盾。从某个局部来看虽然能获得一定的效益，但整体的损失有时会超过局部的效益，总是强调局部服从整体的全局观点。研究表明，人需要给予具体目标才能调动潜在能力，也只有在达到明确目标后，才会产生成就感和满足感。用以维系管理整体性原则的目标只有具体化，并渗透于整个管理过程，成为一种稳定的宗旨，才能真正发挥其统率全局的功效。目标管理的核心是把组织的目的、任务转化为目标，并使组织的总目标与各个部门、个人的目标融为一体，形成组织、部门、个人方向一致，明确具体，切实可行的目标体系。它强调以目标指导行动，以成就和贡献作为管理活动的重点，特别强调目标实现的整体性。

同其他系统一样，高职教育系统中没有任何人或组织可以单独满足自身的需要，而不依赖与他人或组织的合作。没有基于管理目标的合作行为就没有管理的整体性，事实上，也就没有管理本身。高职教育系统中存在各种不同的工作目标，这是社会与组织分工的产物，它们有赖于高职教育总体目标指导下的相互配合。

在具有不同功能的组织中，整体性原则的体现方式是各不相同的。一般而言，在功利性为主的经济组织内强调竞争，在以强制性为主的军事组织内强调服从。

和谐、团结、协作对于高职教育管理的整体性原则的贯彻是需要的，但在高职教育组织的实际运作中，存在着多种形式、不同强度的冲突。及时诊断并将冲突带来的破坏减少到最小限度也是维护高职教育管理整体性原则的一个重要方面。所谓冲突，是指人们为了某种目标或价值观而相互争斗的状态。高等学校领域内的冲突多表现为成员心理、角色、地位的冲突和学术观点的冲突。前者的例子如职称晋升，往往同一年龄层的教师越多，水平越接近，冲突就越激烈；一定程度的学术思想冲突、辩论，可以促进学术研究的深入和发展。可见，冲突的功能具有双重性。经常的、强有力的冲突对组织中成员的心理和行为有破坏性的影响，疏远、冷淡、漠不关心、极端的对立情绪和进攻性行为等，这些显然会导致组织的涣散和管理效能的低下。在高职教育管理领域运用冲突原理，一方面把冲突破坏的可能性减小到最低水平；另一方面使冲突产生有效的、积极的效果，保证管理的连续性和整体性。

三、民主性原则

高职教育管理的民主性原则主要由高职教育管理的学术性所决定。要办好既封闭又开放的高等学校，不发扬民主，不充分调动师生员工的积极性和创造性是不可能的，所以，高职教育和高等学校在进行重大决策过程中都必须发扬民主。

高职教育领域人才荟萃，学术思想活跃。高职教育管理工作必须注意高等学校开展的学术活动要充分体现学术自由的特点。高等学校的教学和科研活动从其本质而言是学术性活动，而离开民主与自由，学术性活动便无法开展。由前面的论述可知，高职教育系统是一个充满利益和权力冲突的系统，决策的制定和实施往往是各种力量协商或妥协的结果。这里任何形式的"一言堂"都有可能损害高职教育的学术价值。民主的基础是对个人价值的承认，学校如同其他社会组织（或机构）一样，要求一切受到决策影响的因素（法律、纪律、规章、决定、计划、标准等）都要反映出民主的精神和原则。学校的民主主要体现在学校重大事件的决策中每个人都有权发表自己的意见，领导和组织必须在听取师生员工意见的基础上，按照科学的程序做出决定。在我国实行的是民主集中制，所以，在民主原则的运用中，国家、集体的利益始终是第一位的，应在此基础上正确处理好国家、集体、个人三者的关系。民主与公正是紧密联系的，在高职教育管理中，公正意味着建立严格透明的规章制度，人们享受公平的同时享受民主。公正要求做到平等、正大光明，不允许营私舞弊，而且要受到民主的监督。民主性原则要求在高职教育管理中制定决策的民主化、执行决策的民主化、检查决策执行情况的民主化、评定决策执行结果的民主化。

（一）制定决策的民主化

高职教育管理中计划与决策工作要充分发扬民主精神，这种民主精神体现在让被管理者，更确切地说让决策的具体执行者民主地参与决策的过程。这样可以集思广益，提高决策的科学性，使之更切合实际。个人希望自己被吸收参与决策，个人必然要花费自己的时间和精力参与决策，一些事情刚好是个人的"冷漠区"，如校长只在一些低层次问题上让教师参与，教师可能会不感兴趣。有些涉及个人切身利益的所谓"敏感区"必须提高职工

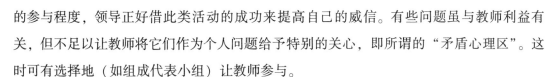

的参与程度，领导正好借此类活动的成功来提高自己的威信。有些问题虽与教师利益有关，但不足以让教师将它们作为个人问题给予特别的关心，即所谓的"矛盾心理区"。这时可有选择地（如组成代表小组）让教师参与。

（二）执行决策的民主化

管理者要随时了解和掌握决策的执行情况，在此基础上调整和改进决策的执行方案和方法，以保证决策的顺利实行。在这一过程中，不论是了解执行情况还是调整、改进执行的方案和方法，都离不开民主的过程。管理者要尊重下属，要虚心向他们求教，及时而合理地对方案与方法的执行进行调整和改进。

（三）检查决策执行情况的民主化

检查决策执行情况时，管理者不能凭主观臆断，而要根据决策的目标、决策执行的实际情况，结合管理者的实践经验，实事求是地进行判断。在这一过程中，让决策执行者民主地参与检查工作是非常重要的。

（四）评定决策执行结果的民主化

决策执行结果的评定不仅关系到对本决策的制定者和执行者工作的评价，而且关系到下一个决策的制定与执行。评定工作也要贯彻民主原则，以有利于激发和强化决策者与执行者的工作热情，有利于发挥和发展他们的创造性，最终有利于高职教育管理效益的提高。

四、动态性原则

高职教育作为一种社会系统，与外部环境处于动态的相互作用之中。开放系统的一个特点是能够影响其内部子系统，以便对各种环境中的偶然事件做出反应。

管理活动与管理对象、管理环境之间有着本质的、必然的联系。根据对高职教育组织特征的分析，高职教育管理过程中要完成的任务、组织的结构、用来完成任务的技术和参与的人员都处于动态之中。这样，一方面高职教育活动须按照管理的基本原理和原则来进行，保持管理的相对稳定和应有秩序；另一方面高职教育管理的对象、内容、方式、手段等都在变化之中，要求运用高职教育管理原则时具有灵活性。

管理学中的权变理论为把普通的组织管理原则与各组织独特的、具体的情况联系起来提供了一条途径，有三个基本观点。一是对学校的组织和管理不存在一种最好的通用方法；二是在一个特定的情景中，并不是所有的组织和管理的方法都是同样有效的，组织效率的结构设计或方式是否适合一定的情景；三是组织设计和管理方式的选择必须建立在对情景中的重大事件进行细致分析的基础上。权变理论要求从有效实现组织目标的角度出发，灵活、动态地选择处理偶然事件的方法。

在动态性原则下，高职教育管理必然重视改革旧体制、旧办法。教育中有无数的力量在要求变革，教育管理改革要在基本不打乱教育稳定性的前提下确定和实现各种必要的改革。但是，任何改革不可能绝对稳定。从这个意义上来讲，稳定也是相对的。不过，各项必要的改革应符合几条标准，即改革必须切合实际，适应社会的需要；变革的顺利进行要求学校的目标、政策、计划、程序具有灵活性；变革的成功要求变革循序渐进，以保持组织和管理系统的稳定性。

五、导向性原则

高职教育管理的导向性原则主要是指通过管理手段引导所有的组织成员向着既定的目标努力。我们制定的方针政策、提出并采取的工作措施、营造的工作环境等都具有这种引导作用。

从管理工作导向来讲，主要是措施和条件导向，管理的手段、方法、环境等。组织成员在管理者的旗帜下，自觉或不自觉地努力工作，这里还存在利益导向、心理导向的问题。这是从不同的角度看导向和运用导向性原则的问题。

六、公平公正原则

公平公正原则是市场经济体制下高职教育管理活动的基础，是调动各方积极性，有效地完成高职教育任务，达到高职教育目标的前提。任何高职教育活动都是由人来完成的，公平公正是对人的教育心理活动的基本保证，否则，缺乏公平公正，设计再好的管理活动，也难以达到满意的效果，因为，它挫伤了人的积极性，阻碍了人的主观能动性的发挥，阻碍了生产力的发展。长期以来，许多管理者不太重视公平公正的原则，不注重管理活动中人的感受，把自己的意志强加于别人之上，通过权力来贯彻自己的意志，甚至打击了正义，鼓励错误，最终导致管理失败。在管理的实践中不乏这样的例子，由于有失公平，使得很好的管理活动和方案流于形式，最终效果十分糟糕。

第三节　高职教育管理原则的应用

　　我们研究高职教育管理原则的目的最主要的是将这种原则思想贯穿在具体的管理活动中，指导我们实施的管理方法和管理措施。目前，高职教育管理方式可以归纳为四种，即组织能级管理、目标绩效管理、标准量化管理、多种组合管理。在这些管理中，规划、组织、领导和协调可以考虑遵循某些主要的、最基本的原则。

一、组织能级管理

　　组织能级管理是一种较为传统的高职教育管理方式，它是通过一级一级的行政组织及其权力来实施对高职教育的管理的。这种管理方式中最主要的是强调计划性管理，强调上下级组织及管理者的服从管理。这种管理的终端组织的自主性差，管理链长，行政力度稍差，就容易造成"尾大不掉"。

　　这种管理方式对管理者的素质要求高，特别是管理组织中的各级首长要遵循管理的民主性原则。在管理抉择的活动中，在制订计划中，管理者不仅要听取同级组织中成员的意见，而且还要听取下级组织中成员的意见，充分发挥民主参与的作用，把成员的智慧为我所用。同时，要让各级组织的成员充分理解领导者的意图，认同领导者的意图，只有这样，组织的目标才会很好地完成。

　　此外，依法管理的原则在组织能级管理中尤为重要。能级管理中强调的是以首长为中心，管理者依靠行政权力进行管理，往往会造成个人说了算，而依法管理是对管理者的无序和独断专行的制约。

二、目标绩效管理

　　目标绩效管理是当前许多高等学校尝试的一种新的管理模式。教育目的与任务的不同，教育行政或教育组织目标绩效管理的内容也不同，但是，都是以体现教育价值的结果为目标的。事先要确立一个客观的目标，然后，通过一个阶段管理活动的实施，评价管理活动实施的最终业绩和效果，体现管理的价值。因此，这种管理要遵循正确的导向性原则，目标与考核挂钩适度的原则，公平公正的原则。

　　一般来讲，目标绩效管理是一种完成中短期、阶段性任务的管理活动，是为中长期的规划和目标服务的，正确的导向性原则是指制定目标的指导思想导向应该十分明确，这种措施的导向就是为达到中长期的发展目标和工作目标服务的。目标的导向性对于组织的管理，特别是组织成员的心理目标的实现是很重要的，因为管理者确定的目标本身就是一种导向，是通过具体目标的实现达到促进某方面工作的推进，某项事业的发展。这是管理者在推进这种管理模式的时候必须考虑到最根本性的问题。同时，体现在目标的具体指标任务上，要有导向促进作用。目标与考核挂钩适度是一个比较难把握的原则，因为，它的核心是与集团组织或者个人的利益挂钩，是一种心理刺激最敏感、最有力度的方面，它要考虑很多客观的情况。第一，它与组织内部的人事分配制度有直接的联系；第二，它与组织外部的利益分配环境有很大的联系；第三，它与管理者的期望值、组织成员的期望值有很大的关系。这种度把握得好，导向的功能就强，导向就是成功的，反之导向就是失败的。

在目标绩效管理中，一般来讲，管理的对象是多个组织、多个群体，因此，管理活动特别注重公平公正的原则。管理活动的公平公正原则主要有三个方面：一是指标体系确定的公平性；二是过程管理的公平性；三是考核评价的公平性。指标体系的确立，公平公正地获取真实的考核信息，严格执法，在最终的结果处理上不搞双重标准。不考虑组织及其成员中的差异性，不规范管理者自己考核过程的行为，价值信息结果提取不公平，矛盾处理中决断不公正，必将会导致价值的扭曲，影响管理的效果，甚至会导致管理活动的失败。

三、标准量化管理

标准量化管理模式与目标管理在某些方面有共同之处，是高职教育行政和高职教育组织管理今后发展的方向之一。目前，国内的高职教育行政管理和一些高职教育组织已经开始探索和实施标准量化管理。例如，国家实施的高等学校教学工作水平评估就是典型的标准量化管理方式。同时，有些教育组织内部在某些方面推进国家质量论证标准的管理，特别是可量化管理的活动实施标准量化管理，如教学活动的过程管理，对于某些教师教学行为的规范要求、实验室实验教学的规范要求、教学管理的规范要求等是可以量化的，在这些领域实施标准量化管理是一种有益的尝试。那么，这种管理方式要遵循标准的权威性原则，实施办法的简洁性原则和运行过程中的可操作性原则。

首先，标准量化管理一定要有定量标准的权威性，不论是国家的、社会的，还是团体组织的，必须由权威部门组织权威专家制定质量论证标准，与目标管理一样，也同样存在标准的高低问题。缺乏权威性的标准量化管理往往达不到好的效果，搞不好会适得其反。

其次，标准量化管理最主要的问题之一是实施和操作过程中的简洁性及可操作性，这也是必须遵循的原则。标准量化管理本来是一种非常明确的管理方式，但是，如果把标准搞得很复杂，结果将会事倍功半。

四、多种组合管理

不论是高职教育的宏观管理还是微观管理，特别是有一定组织规模的管理，还不能说只是某一种专一模式的管理，可能是一种组合模式的管理。这是因为社会形态的多样性决定了管理模式的多样化。因此，推进两个及以上的多种管理模式必须遵循整体的原则、高效的原则。

作为一个团体及组织，总的目标是一致的，多种组合管理模式只是方法的不同，那么，在具体实施这些方法中要考虑整体性，否则，A 模式和 B 模式不从整体性考虑，各自为政，结果会出现许多矛盾冲突，产生组织内部的不平衡，这种不平衡产生投入与产出、付出与所得的差异，可能会影响最终的效果。可以容许不平衡，因为没有绝对的平衡，这种不平衡是一种积极行为的话，那么，应该是正面的效应；但是，要从整体考虑这种不平衡，因为不同模式的实施是有成本的，不同模式的成本要考虑整体的成本，最后达到共同的管理目标与效果。

在一个组织内部，多种组合管理模式都是容许的，但是，这里存在一个效率的问题。一个组织内部的多种模式管理不同于单一的模式管理，牵扯到管理者的许多精力。另外，管理的组织机构运转起来也稍感复杂，势必影响管理的效率。所以，实施多种组合模式的管理要遵循效益性原则就显得尤为重要。

第四章　高职教育管理的创新理念

第一节　坚持创新理念

创新是指改变旧制度、旧事务，对旧的生产关系、上层建筑做出局部或者根本性的调整变动。所以创新就是改进不好的，改正错误的、不合理的，最终达到创新的目的。创新需要清晰的价值和目标，即明确创新理念，它关系到创新的出发点和前进方向。高职教育教学是对高职教育的认知、使命、作用等基本问题的认识和看法，是高职教育管理实践的总结和概括，具体包括管理理念、学习理念、教育教学、办学理念等方面。

一、统筹理念

我国高职教育作为公共物品和服务的一部分，其物质载体是大学，大学的根本属性是我国事业单位，这种公益属性不会发生改变。党委领导下的校长负责制作为我国大学的领导制度，是一种"党政结合"的领导方式。党委领导作为大学政治权力的集中体现，具有全局性特征，党委在大学内部治理过程中的意见综合和宏观决策作用不可或缺。

统筹作为一个由数学衍生出的系统科学概念，主要强调的是针对一个事物发展或行为执行过程中涵盖的规划、引导、服务和扶持的完整的过程体系。政府统筹就是站在事物全局的角度统筹思考、洞察事物、工作谋划、整合协调和创造性思维、服务全局的能力。不顾此失彼，不因小失大，兼顾和协调全局各方面利益，使整体协调，布局合理，利益得当，人文和谐，思想协同，工作得力。那么政府对高职教育的统筹也就可以围绕这一概念展开，即政府统筹规划、统筹引导、统筹服务和统筹扶持。对高职教育发展的速度、规模、质量、结构进行宏观管理，促进管、办、评分离，形成政事分开、权责明确、统筹协调、规范有序的管理体制。对学校布局、学科专业设置、学位授予点和继续教育发展规划，统筹研究生教育、本科教育、高等职业教育和高等继续教育，构建层次分明、类型多样、特色鲜明、充满活力的高职教育体系。

推动高职教育内涵式发展是基于高职教育发展的新的指导方针，是"办好人民满意的教育"的坚实基础，是"全面实施素质教育，深化教育领域综合创新，着力提高教育质量，培养学生创新精神"的最好保障，是"立德树人"，培养德智体美全面发展的社会主义建设者和接班人的关键举措。所谓内涵式发展，就是以科学发展观为统领，摒弃高职传统追求规模、数量的粗放式发展模式，着眼于效益与质量的创新型发展道路。效益、质量与创新三位一体，其核心是实施内涵发展，重点是学科建设和制度建设，其动力源于深化创新，其保障是和谐校园建设。

第一，统筹引导方面。建立高职学科分类建设体系，实行学术研究发展分类管理；创新高职人才培养模式，提高高职人才培养质量和深度；加大对高职学术研究的监督和审查；统筹推进各级各类高职教育协调发展；统筹高职教育城乡、不同区域间教育协调发展。

第二，统筹编制符合要求和国情的高职教育办学资质、教师引进、招生质量等多项标准。统筹服务方面：深化高职教育综合创新，推动教育事业科学发展，必须以"三个满意"为出发点和落脚点，在关心国家命运、服务国家战略上有所作为，让党和国家满意；在勇担社会责任、满足社会对创新高职教育不断提高的要求上有所进步，让广大人民群众满意；在坚持以人为本，实现、维护、发展好学校广大师生员工根本利益上有所建树，让广大师生员工满意。引进国际创新教育资源，提高中外合作办学水平。

第三，统筹扶持方面。落实扩大高职教育办学自主权，完善我国特色现代大学制度，完善教育惩治和预防腐败体系；统筹健全以政府财政支持为主、社会捐助资助教育经费、有限度自主探索高职教育市场化稳定增长的机制；建立地方政府所属高职的教育职责评价制度；探索建立政府督导高职机构职责运转的机制。

我国建立了功能明确、治理完善、运行高效、监督有力的管理体制和运行机制。管理体制和运行机制的重大变革涉及法律制度、组织架构、权责划分、运行规则和利益调整等诸多方面，内涵十分丰富，是一个系统的制度安排，这都需要政府统筹来部署和实施。其次需要政府统筹协调政治体制创新和市场经济体制创新，使我国高职教育管理创新与政事分开、管办分离和转变政府职能等其他政治、经济、文化、社会创新密切联系，相互影响，逐步推进。深化教育管理创新，探索政校分开、管办分离的形式。

二、参与理念

我国高职教育从中华人民共和国成立初期的"精英"教育走向"大众"教育，是随着我国政治、经济、文化和社会环境变化不断适应的发展历程，是我国政治体制创新不断深入的体现，是社会主义市场经济创新深入人心的要求，是社会开放文明的自我需求，是我国文化传承自我提升的动力源泉。

社会参与高职教育管理创新的必要性主要有以下几方面：首先，从高职的系统性和开放性来看，高职教育作为一个系统要生存和发展，不可能封闭自我。高职需要汲取自身生存发展所需要的物质资源、人力资源和财务资源，无法忽视与社会普遍联系的客观事实。高职应立足于扩大高职的开放性，融入我国国情的现实社会中，建立社会参与高职管理的机制。其次，经济和社会生活方式的重大变革使高职教育的大众化普及程度不断加大，继续教育、职业教育等终身学习教育制度不断深入人心，极大地刺激了社会参与高职教育的意识。再次，激烈的市场竞争环境下，对人才的需求和竞争成为市场生存的不二法则。市场竞争主体，例如企业已经以极大的热情加强与高职的合作，参与到高职教育的具体实践中，寻求满足自身需要的合格人才。最后，高职自主化办学带来的就业压力和经费支出以及后勤社会化等创新也需要得到社会的支持和帮助。总之，高职接纳来自社会各方面参与自身管理是必要且可行的。

社会参与高职管理的内容主要包括：一是社会参与高职决策。高职管理创新需要吸纳更多智慧和力量，确保高职的决策体制、运行方式、机构设置等内部事宜得到民主、科学的监督、反馈和建议，社会参与的重要性不言而喻。二是市场权力对高职权力的影响和制约使社会参与高职管理的具体事务越来越深入。高职的专业、课程设置不断重视市场需求，高职毕业生就业市场要求高职教育管理贴近社会现实，高职内部事务信息公开，等等。三是高职的社会服务功能使社会参与高职教学科研等高端领域。高职与企业的合作正是社会参与的表现。我国高职教育创新是系统工程，能否在市场经济大潮中接受社会检验是创新成败的关键。我国高职要认清现实发展要求，提高社会服务功能，树立社会服务意识，把社会参与作为自身管理创新的重要内容，实现科技成果转化，提高社会知名度和权威性，满足社会需要的创新目标。高职教育的需求多样性、高职教育走向社会中心以及高职教育经费来源的渠道多元化要求社会参与，这不仅是高职教育发展的共同趋势，还是实现高职教育内部管理制度完善的重要保证。

三、公共利益理念

公共利益是指公众的、与公众有关的或为公众需要的利益。根据《公共政策词典》的界定，公共利益是指国家和社会占绝对地位的集体利益，而不是某个狭隘或专门行业的利益。公共利益产生于人与人之间的社会联系，是公民个人利益最终的价值取向，代表着长远的、共同的、整体的个人利益。高职教育的利益主体可以分为国家利益、团体利益和个人利益。国家利益是指国家从高职教育的发展中获得的人才培养、科技技能输出的政治利益。团体利益是指高职的各种权利主体在博弈过程中获得的权利利益。个人利益是指参与高职教育过程和活动中的个体获得的参与权、保障权和结果权的权利利益。这三种利益主体只是基本利益和直接利益，如何协调利益冲突和分歧，寻求整体利益最大化，这就是公共利益取向的理念所在。

公共利益正当性的基础是以一定社会群体存在和发展为前提的，公民的受教育权是公民的基本权利之一。因此，保障公民的受教育权利成为公共利益取向的共性特征。高职教育的社会服务职能是公共利益至上理念的具体体现，这需要由国家法律作为保障。高职教育作为公众受教育权利的组成部分，已经从"精英"教育转变为"大众"教育，受教育群体的数量、受教育群体的文化程度已经具有社会普及性和公民自主性走向，因此，高职教育创新的公共利益取向能够满足国家利益和个人利益的诉求。高职教育需要在生产知识、科技和人力资本过程中增效，实现教育产业化，进一步改善教学环境，增加教育奖学金的投入和贫困生补贴力度，促进高职教育事业的公平和正义。

高职教育管理创新涉及社会公共资源和经费的使用和调配，影响到社会成员的共同利益，创新的成果需要全社会共享。高职教育创新的公益性具有公共性、社会性和整体性，包含国家层面的经济利益、政治利益、文化利益、文明利益，也包括社会层面的经济利益、文化利益、政治利益，还包括个人层面的物质利益和精神利益。追求公共利益是高职教育管理创新的核心价值理念，是我国特色社会主义高职创新的前提和出发点，是调和权利主体追求共同目标的指导原则。

四、质量至上理念

高职教育创新理念是与时俱进的时代产物，其中质量至上的学习理念是源于首次世界高职教育大会的两份重要文件，作为其中的核心理念，联合国教科文组织认为高职教育质量是多层面的概念。概念涵盖了两方面内容，一方面是"层次"的问题，指的是高职教育质量是多层次的质量的统一体，另一方面是"方面"的问题，指的是高职教育质量是多方面质量的综合体。

高职教育的系统类型通常被划分为研究型高职、教学研究型高职、教学型高职和高职高专高职。每个层次的高职所追求的质量标准和人才培养方式以及学习理念都是有差别的，这种差别本来是基于学科、专业、学术自身特点而形成的不同的质量要求。高职教育创新中的按教育规律办学就是对高职教育文化传承和高职教育人文环境自主办学的认可。高职教育多方面质量包括学生的质量、师资水平，还包括图书馆的利用率、学术讲座的质量水平、学校后勤质量服务状况以及学术环境的自由民主氛围，等等。

这就需要高职教育树立质量至上的学习理念，从教学目的、师生角色、教学内容、教学模式、教学方法、考试方法、教学观等多方面进行改进。例如，提升学生的社会责任层次，注重决策观念和技能培养；以学生为本，重视知识的接受和应用及主观能动性发挥；发挥学生主体学习地位，主动探索学习兴趣和努力方向；加强教学内容的基础性，提高教学内容的深度和广度；发展学生个性，激发学生的发散性思维和创造性思维；激励合理竞争，活化教学方法，注重社会实践；拓宽学科的社会研究对象，关注科学前沿知识，拓展学生眼界，提高学生驾驭知识能力，用知识质的提高应对量的增加。

第二节　把握职能定位

高职是实施高职教育的社会组织，主要功能是做学问、传授知识和服务社会。结合我国悠久历史文化传统的特殊需要，我国大学可以归纳为"人才培养、科学研究、社会服务、文化传承创新"四项基本职能。从四项基本职能中可以归纳为教书育人是目的，科研输出是手段，个性发展是理念，服务行政是模式。

一、突出育人

高职教育承担着人才培养、科学研究、服务社会、文化传承创新四大职能任务。推动高职教育内涵式发展首先需要处理好人才培养与科学研究的关系。人才培养是高职教育的根本使命，在四大职能中居于核心地位，包括科学研究在内的高职教育一切工作都要服从和服务于学生的成长成才。人才培养培养的是人才素质，包括人格、知识、能力和体质，即"德智体美劳"。大学的核心功能是培养全面而自由发展的人才，塑造符合我国发展的合格的社会主义建设人才，这是我国高职现代化建设的社会使命和至上原则。实现核心功能的途径便是知识传授，因此二者归纳为教书育人。"大学之道，在明明德，在亲民，在止于至善。"培养专门人才是高职教育的本质特征，突出创新能力培养，进行科学素养和人文素养的融合，造就全面发展的人才。

首先，建立以学生为服务之本的高职教育质量评价体系，把高职教育的传授重心放在学生身上，从关注学生成长和体验出发，将学生自主学习知识和全方位考察评价授课质量等确定为高职教育教学评估考核的重要内容。培养学生具有开拓精神、竞争能力，具备复合型知识，满足市场经济发展需要。其次，高职教师有必要参与社会实践，加深自身对社会需求的亲身体验，打破高职教育内部自我封闭的认识局限。高职教育学者的社会需求体验和实践一方面可以提高学者解决实际问题的能力，丰富教学素材，将社会急需技能传授于学生；另一方面可以使学者和学生对社会需求的认知更为切合实际，注重学生创新能力观念、终身教育观念、基本学习能力观念的培养，以及以学生为本的教学创新。再次，高职必须研究社会需要的各级各类各层次人才的素质结构和能力，为人才的社会输出提供品德培养、技能培训、智力保障、素质完善，以实现知识价值的社会转化效能，实现科学技术是第一生产力的理论与实践的无缝对接。

二、注重科研

高职教育的职能是在社会发展需要的基础上形成的，是社会赋予高职教育的任务和职责，是高职教育与社会之间关系的集中体现。高职作为我国科技创新的生力军，是科研竞争的前沿阵地和国家综合实力展示的重要内容，高职科研输出是确保高职人才培养、社会服务和文化传承职能的重要保证。

高职科研输出的最大化取决于高职科研管理人员的自身素质建设，涵盖知识素质、管理素质、伦理素质和服务素质等，这都需要高职完善的科研培养培训机制为保障，赋予科研管理成果转化享有权，激励科研输出的主动性。科研管理职能在通过社会输出实现科技转化的过程中需要努力实现四个能动即能动策划、能动组织、能动跟踪和能动管理。强化科研课题设计和项目申报策划，强化科技成果转化的策划意识，强化科研部门跨学科的创新团队组建，强化社会合作企业的技术成果转化平台推广，强化科技推广的跟踪机制，强化基础研究与应用研究的有效融合。高职需要牢固树立人才培养必须以高水平科学研究为支撑的观念，鼓励教师重点开展有利于提高教学质量、推动理论创新、服务经济社会发展的科学研究，并将研究成果及时转化为教学内容。还要正确处理好科研与教学的关系，树立科研为教学服务、科研和教学为社会服务的意识，提高高职的科研实力，提升学校的知名度和学术的名誉度。

三、坚持个性发展

从本质上讲，大学管理是知识和科技的创造性组织，尤其是在我国高职教育管理创新的社会环境形势下，大学管理需要开拓进取的创新精神。只有创新精神才能塑造和铸就具有内涵式发展的高职，从而培育出个性发展的个体和团体。

从个体层面来讲，学生乃至学者，需要保持个人的思想独立、学术自由、民主平等。个性既是个体的整体精神面貌，还是个体独有的心理特征，个性发展是个体独特性、创新性和主体性的实现过程。首先，高职教育个体培养理想、健全人格。在个体的短期目标、中长期目标和远大理想树立和实现过程中，将个人价值、社会价值融于一体，通过高职文化载体和学术载体输入与输出，经过高职教育个体的努力奋斗和高职平台的支撑，致力于服务国家和社会的目的，培养集体荣誉感、团结合作精神、努力拼搏意识、热爱生活态度、严谨求知志向、无畏探索倾向、全面发展思路等个性心理特征，培养人文素养、社会责任、道德良知、兴趣爱好、体育活动等社会人格要素。其次，高职教育个体培养创新意识和创新能力。个性发展是创新精神的基础，创新精神的目的是以人为本，以人为本的核心是个性发展。经过对高职教育知识接触、传授、探索和考究，高职教育个体结合个体兴趣和喜好，通过对知识真理的探求，势必带来创新活力和创新意识及能力的注入，高职教育个体的事业心、责任感和使命感便在个性的培养过程中自然而然地形成。再次，高职教育个体拓宽眼界、开阔思域。高职教育个体借助高职知识平台和高职教育交流计划，能够把握世界最先进知识的前沿，了解人类在发展困境中的障碍，接受国内外先进思想知识的洗礼，总结归纳个体立志追求的方向，树立个体人生崇高理想的目标。最后，高职教育个体活力四射、自我约束。高职教育个体在身心健康发展的同时，抵御社会思潮的诱惑，完善自我约束，注入时间和精力，运用年轻活力和创新精神，争取个人价值的实现和社会价值的体现。

从学校层面来讲，高职教育需要树立自身的教育特色和人文底蕴。一是丰富高职教育自我精神。挖掘高职教育的历史文化传统，吸收现代大学的办学理念和思想精华，传承高职教育精神，明晰高职教育使命。二是树立高职教育独特观念。秉承校训，加强每届师生的校史教育，学习高职教育学术大师、学术大家的人格魅力和开创精神，尊重师德，传承高职先辈的奉献精神和学术追求，强化本校的责任感、荣誉感。三是健全高职教育文化制度。完善高职教育大学章程，推行制度创新，将高职精神和高职行为文化融入制度设计中，体现到师生行为中，用制度督导高职文化的自我渗透。四是完善高职教育标识建设。充分利用高职的校旗、校歌、校徽等文化符号的视觉效果，制定高职标识使用规范，开发设计独特的文化产品。例如信笺、邮票、台历、纪念品、纪念册、公文样本模板、校务公示样板、高职录取通知书、成绩单和奖励证书等。五是创新高职教育文化载体。运用高职教育事务，如校庆、运动会、毕业典礼、新生入学等仪式，弘扬和传播独特文化内容。创建品牌的学术讲座和名家论坛，丰富高职文化内涵建设，通过文化载体，如 BBS、图书馆、教学楼、校舍、校内微信、学生社团等，营造高职教育全面丰富而又个性鲜明的文化氛围。

四、着眼服务行政

"服务行政"一词源于德国行政法学家厄斯特。服务行政是由原来的计划经济向市场经济转变过程中关于行政法的定位和作用的指导理念。高职"服务行政"是指高职行政权力以高职全体师生员工等高职利益相关者的真实需求为服务风向标，为其提供创新满意服务为首要职能，不断完善服务保障制度和服务体系的管理模式。

高职服务行政遵循有限性、法治性、民主性和有效性原则，树立以人为本的理念，重视高职学术权力的诉求，增强服务意识；通过沟通与协调的民主平等对话机制，致力于高职教育质量发展，推动高职学生的全面发展，紧密联系高职与其他社会组织的交流与合作。

高职服务行政必须协调学术权力与行政权力的相互关系。首先，二者的合理性需要兼顾。学术权力的独立行使是高职学术自由、民主管理、公平公正的建校根基；行政权力的管理履行是高职管理效率和运行秩序的基本保障。二者只有实现动态平衡和互助共享才能实现我国高职自主发展的目的。其次，二者权力边界需要明确。根据大学章程，建立相互分工、互相合作、相互制约的关系。再次，二者作为高职权力系统的内部构成要件，学术权力作为高职权力的基础，行政权力必须为学术权力服务。最后，高职的政治权力创造组织体制保障和构架，行政权力是"制度性权力"，学术权力是"权威性权力"，行政权力需要通过制度设计确保学术权力应有的地位和权威，实现政治权力的问责协调定位，达到高职教育内部权力运转的畅通。

第三节 构建权力结构

一、参与权

从历史发展过程来看，市场权力在我国高职发展过程中处于遮蔽状态，主要通过学生报考志愿、报考专业、大学生就业等途径展示市场权力对高职发展的影响力，相对乏力。从历史发展趋势来看，市场权力在我国高职管理创新过程中发挥越来越大的软实力，持续走强。改革开放以后，市场就开始逐步渗透到我国高职发展中，经过四十多年的发展壮大，市场力量已经明显显现。比如，逐渐形成了以公办高职为主、社会各界广泛参与、公办学校和民办学校共同发展的办学体制，实行市场机制的学费制度、就业环境和人才竞争；我国高职的专业、课程设置不断重视市场需求，公办高职与私立高职的竞争也风生水起。市场经济发展大潮中的经济意识、主权观念、竞争意识、自由精神、宽容态度、平等观念和共赢博弈正在我国高职不断上演。市场权力的构成主体宽泛且多元，是我国商校自我体系外的多因素综合体全方位展示，有国家需要、社会需求、市场刺激，也有国际化和全球化过程中的不断要求。市场权力的参与权主要通过以下三方面行使。

首先，市场权力要求高职教育服务质量贴近现实需求。我国高职毕业生数量在不断增加，近两年增速略有下降，但总量也创历年新高，毕业生就业压力大已成为不争的事实。学生就业情况严峻，高职的教育质量需要更加适应市场的需求和变化，重视学生参与市场经济活动的能力和条件，摒弃盲目以自我为主的办学理念和不求思进的教育观念，需要发挥政治权力在我国高职发展中的调控权。

其次，市场权力要求打破创新高职教育服务。随着我国经济发展的不断进步和我国居民家庭支付能力的不断提高，高职教育资源作为最有潜力和最有回报的市场，对外交流的范围和深度正在我国不断增大。根据教育部发布的数据显示，我国高职教育资源的人才流失情况正在不断加剧，而我国高职教育创新服务主要还是由双一流高职所垄断。如何破除教育资源的垄断，实现全社会高职教育资源的广泛交流，提高我国高职教育的世界影响力显得非常重要，这就需要发挥学术权力在我国高职发展中的专业权。

最后，市场权力要求学校信息透明公开。信息公开是把知情权、参与权和监督权结合在一起的。伴随着我国政治体制创新的步伐，更充分的信息不仅服务于保护消费者的目的，而且也可以提高生产者的效益。产品的质量信心可以激励生产者投资于质量改进，进而更好地在市场上进行竞争。近年来陆续有单位或团体发布我国高职学校排行榜，这种全面丰富的"消费者导向"排行信息公布，需要我国高职的学校声誉、学生保持率、学术研究成果、专业排名等多维度和多指标的权重展示，这些事关高职教育质量信息的大量公开需要我国高职行政权力发挥管理作用和调控作用。

二、管理权

行政权力是确保高职运行效率和运行秩序的必要机制。高职行政权力管理权划定是为行政权力在高职运行过程中设置合理的权力边界，即通过以校长为首的行政管理人员的管理工作，提高学校履行职责的效率。高职的行政权力以校长为代表，主要体现在行政组织协调工作，其管理目的、管理运行方式及管理结果反馈都要求校长为代表的行政权力管理者具有高职大局观，保证整个高职的运行有序，正确发挥高职"办学者"作用。高职行政权力具有一元性特征，一所大学只能有一个行政权力系统，权力的运行是自上而下逐级实施，最后实现行政权力的目标。高职办学规模的不断扩大和内部管理的日益复杂都对行政权力的发挥带来了挑战。

高职的行政权力致力于实现人才培养、科技进步、社会服务、文化传承创新四大职能，可以通过两个方面来实现。一方面，代表国家和政府管理学校，发挥管理者职能，主要通过科研、教学来实现合格人才培育、人才智力发挥、研究型与实践型科技成果孵化等社会价值实现过程输出；另一方面，塑造高职内部自我管理的掌控者形象，主要通过协调组织机构运行、完善自我管理模式、提高高职内部资源配置、构建高职特色文化底蕴等自我价值实现过程流转。上述行政权力管理职责活动原则必须以高职政治权力为依托，以学术权力为基础，以市场权力为标杆，实现高职的内涵式发展。高职行政权力履行要摒除高职行政化中的不利因素，坚守高职管理章程所限定的管理权限，强化高职行政权力的服务意识，创造高职学术权力充分发挥的制度环境和人文环境，实现高职与政府、社会、市场的和谐共处。

三、专业权

学术权力是大学精神的体现，是大学内在逻辑的客观要求，是大学本质特征的外化，也是建立现代大学制度的核心。学术权力是以高职学术委员会为代表，参与主体是高职教师，主要依靠学者自身的权威、采用自上而下的运行方式是高职权力的基础。学术权力意味着在招生、考试、毕业和科研等方面拥有不可动摇的地位。行使专业权至少包括高职的课程设置、教学自主权、教育评价权和文凭认定权，这就需要高职成立学术委员会、学位评定委员会和教学工作委员会等高职内部团体组织来实现学术权力的独立行使。

（一）学术委员会

由科技处和研究生部负责人以及各学院和重点实验室具有正高级专业技术职称的代表组成，承担学术决策作用，包括学术水平评价、科研项目申报、科研项目评审、学术道德评审、学术规范教育、学术诚信教育、学术不端行为审查等职责。

（二）学位评定委员会

以学科分布为主，由科技处和研究生部负责人，以及各学院和重点实验室具有正高级专业技术职务的代表组成。承担学科学位评定作用，包括审议学位点申报、学位授予、学位撤销、指导教师审查等职责。

（三）教学工作委员会

审议学校教学工作规划和重大教学创新方案，指导全校教学工作；审议学校专业建设、课程规划、教材编订、实验室及实践教学基地建设；审议教学奖项评审，推荐各类奖学金；审议学校教学管理规章制度；审议学校教育教学研究及项目课题申报；开展教学调研等。

学术权力肩负高职生态系统中的特定组织使命，力求实现教学自由、学习自由、研究自由，与行政权力一并主导高职内部事务的决策，尤其对行政权力干扰学术自由权的行为活动必须坚守持之以恒的学术理性和自由平等的学术资格，重视学术权力的基础建设和学术人才的自我权益保护。

第四节　保障运行机制

一、优化机制设计

决策体制是决定运行机制是否高效的前提和基础，优化机制高效运行的顶层设计，就是要探索大学决策体制的范围、决策内容以及决策实施等活动，决策体制要服务高职办学定位和大学精神，决策内容要针对大学办学自主权和办学风格等宏观层面，决策实施要配合管理制度和大学章程的具体规定，决策机制要结合高职内部权力运行机制而布置安排。其中学校办学模式和办学水平的确立是决策的核心与前提。

行政化高职管理模式下，大学决策体制是高职政治权力与行政权力统一成高职党委领导下的校长负责制，完全听命于所属政府机构，不论是学校创办、校长任命、高职经费来源乃至高职教学科研等具体决策内容。同时，高职内部决策系统主导高职发展，也是基于科层制的管理模式，实行"校——院——系——室"四层管理，部门负责人实施行政长官负责制，隶属关系明显，实施行政权力运行的组织结构。政府主导的高职决策体制，高职内部运行来自政治权力意志表示，高职内部评价标准和依据也是政治权力价值标准和权力价值依据的再现。我国高职教育创新正是基于创新行政化高职管理决策体制和建立现代大学制度的出发点进行，"探索建立符合学校特点的管理制度和配套政策，逐步取消实际存在的行政级别和行政管理模式"。为了解决党委领导下的校长负责制决策体制带来的政治权力和行政权力泛化，规范权力运行，推行专家治学，鼓励决策参与，需要重构高职内部决策体制。

二、营造机制外部环境

机制高效运行环境的构建主要着眼于两个关系的处理，一是与政府的关系，二是与社会的关系。和谐外部关系的营造一方面要弱化政府与高职的关系。首先，从高职的本质属性来看，政府与高职的监管与被监管的角色定位需要重新审视。高职是国家教育发展的重要组织，基于高职教育事业的公益属性，政府作为国家的管理机构必须对高职进行监管活动。政府监管权与高职自主权是我国高职教育管理中的一对矛盾体，过多监管势必扼杀高职自主权，过分放权也将难以保证高职发展的正确走向。为了实现政府监管权与高职自主权之间的适度平衡和职责定位，需要弱化政府在高职发展过程中的直接监管权力，转换成契约形式的制衡监管较为合理。

现代政府理念主张有限政府、法治政府和服务型政府，目前我国正处于事业单位创新的攻坚阶段，我国高职按照《中共中央、国务院关于分类推进事业单位创新的指导意见》中的事业单位类别划分，承担高职教育等公益服务，划入公益二类。这就意味着高职的公益属性和市场属性需要被同等重视，要发挥市场配置资源在高职教育发展中的作用。在市场经济条件下，我国高职不可能脱离市场而存在，高职中的市场因素已经开始显现，例如，教授聘用的价位已经远远超过政府对高职教授事业单位编制工资的限制。同时，高职也不能被市场掌控，不能完全推向市场，不能失去培养高素质人才的公益目的性。为了保证高职发展不脱离社会主义的方针政策，最终实现国家人才培养计划的国家利益，政府对高职的监管是必要的。必要监管即由政府直接管理转为间接管理，由微观管理转为宏观调控管理，由严格从属地位管理转为平等契约制衡管理。政府通过明确的权利义务内容来监督约束高职，就可以达到政府与高职的适度平衡。

其次，从高职的发展历程来看，政府与高职的教育行政管理模式需要变革。我国高职在整个构成和运行方面与行政机关的体制构成和运行模式有着基本相同的属性。我国高职接受政府行政管理的统一模式、统一标准和统一步调，自上而下进行建设和发展，形成了高职办学自主权的本末倒置。高职内部行政人员成为学校运行的核心，教学科研人员丧失了对学校的支配权，导致高职主体出现混乱。

为了确立高职学术权力本位，实现高职行政权、学术权和民主管理权相互制衡和监督，改变高职作为政府附属机构的历史地位，需要转变教育行政管理职能。政府不能使其行政权力触及高职的内部管理事务中，政府需要充分尊重高职的独立主体地位。政府只需要在高职自主权的约束方面进行教育目标、教育质量、人才培养、教育经费等方面进行详细约定。允许高职自主制订教育计划、自主开展科学研究、自主确定内部机构设置和人员、自主管理和使用财产。政府对高职的管理主要职能是制订高职教育发展规划、进行宏观调控、提出指导建议等，不干涉高职内部事务，从而形成合作关系。有的学者认为市场经济环境下国家对高职教育的干预和调控活动是市场调节机制的一个必要补充手段，其目的是完善高职教育的管理体制和运行机制，其性质属于宏观性的第二次调节。

营造和谐外部关系的另一方面是要密切高职与社会的关系。高职作为知识组织，其职能在于通过教学传承知识，通过科研创新知识，通过社会服务应用知识。传承知识、创新知识、应用知识都是服务于学生和社会。塑造学生人性、完善学生人格、培养学生技能从而为社会发展提供智力支持保障是高职的崇高使命。高职的外部运行机制包括政府、家长、社区、教育机构和就业市场等多因素对高校发展和决策的资源交换和流通，在独立政府作为高校产权代理者的身份属性前提下，弱化政府与高校的关系，高校通过何种方式和办法加强其他社会资源的获得和输出成为高校发展的集中指向。

高职与社会的关系在不同的社会发展过程中呈现不同的表征，从农业时代的社会体系之外，到工业时代的社会体系边缘，再到知识经济时代的社会中心，高职与社会互动发展、渗透结合、共赢共存是源于二者的交集。高职的科技创新和人才优势能够形成产业化和信息化，这恰恰满足了社会自身需求，在社会区域经济发展、产业科技进步和谋求发展的基础上产生互动。互动的内涵包括合作项目、教育基地、继续教育工程、工程研究中心、远程教育、科技园、绩效技术和管理理念等多方面。高职教育不断适应社会发展的要求是二者互动的动力基础，合作共建联合机构是二者互动的运行保证，通过政治、经济和法律手段进行调控落实。现代社会与高职的关系概括为社会需要和资源输送来满足高职内部发展，高职秉持开放、自由、民主的精神充当社会前进的精神导师。

但是高职与社会的密切联系是建立在高职独立自主办学的前提下，即高职是为社会服务的教学科研中心，不是社会中企业的一分子，高职办学自主权、财政自主权是基于政府投入和问责调控，不会用市场规律来主导高职发展。高职对国家和社会的文化和精神等无形资产以及基础知识研发和社会公共利益至上的教学理念是大学必须坚守的阵地。与此同时，社会对大学的认同和资源投入是有条件的，要求更多的社会参与和决策反馈。

高职与社会的这种"若即若离"的良性互动关系可以表述为："若离"是思想、理智活动的独立和对高职外部运行机制保持相对独立；"若即"是高职与社会密切联系，互融互洽。高职与社会的良性互动主要表现为，一方面，社会是高职的外部环境和基础，高职以社会为存在前提，汲取社会文化和社会资源完善自身；高职的人才培养和科技输出对象是社会，以满足社会需要和人类发展为社会价值追求。另一方面，高职作为社会的中心力量，指导社会体系的健全和完善，同时接受社会体系的适度介入和环境影响。

我国高职教育管理创新中的运行方式需要接纳高职与社会的"若即若离"的良性互动关系。高职毕业生要在生源市场、教师市场和院校市场中保持竞争力，学校必然要提高学术质量，采用最有效的学术管理办法，否则就会面临生存的危机。考虑到学术知识的复杂性和动态变化性，我们认为在竞争性的学术市场中专业的自我管制仍可能是最有效的保证学术标准的方式。同时社会融合到高职教育的知情选择权、参与权，能够从多层面和多角度参加高职决策和高职管理的具体工作，完成平等地位的参与权，使个人和社会利益与高职团体利益形成利益共同体，促进高职与社会的和谐发展，形成开放、负责、宽容和平衡的互动状态。

三、建构机制内部设计

高职教育管理创新运行方式中的关系理顺中，内部关系是创新成功的重要保证。大学管理根本上是以学术为中心的管理，其目的是促进学术的发展。学术管理的基础是学术思想的自由和探索的自由，发挥学术权力的主导作用，贯彻学术自由、民主管理的原则，在大学内部营造民主的、宽松的学术氛围，为科学创造提供良好的学术环境。

首先，健全和完善大学章程。大学章程是高职内部权力运行的法制基础，是大学内部权益相关者制度化规范文件，是大学管理运行纲领性指导。大学章程必须对高职内部政治权力的问责权的行使、行政权力行使管理权的界定、学术权力行使专业权和市场权力行使参与权等相关制度性规定落实，为高职教育管理创新提供依据。其次，优化高职内部决策权力结构，确保学术权力在学术管理中的主导作用。明确三会（学术委员会、学位委员会和教学委员会）的具体职责，行使学术范围内的决策、管理、监督、实施和咨询职能，加强三会组织建设、人才建设、制度设计，依据大学章程坚守学术道义、大学精神以及校训。建立质量为上的学术评价制度，建立公开、透明、公正、严格的聘任、晋升、科研激励制度，让学术管理回归学未本位。凸显严谨求实的学术态度和风气，确保学术评价活动的独立自主评议。再次，完善大学校长负责制，提高行政管理水平。依据大学章程，完善规范大学校长行政权力的行使范围和权限，使其专注于服务学术、服务学生和服务学校的目的。大学校长具有教育管理能力和现代管理能力，行使对大学行政事务的全权处理，接纳吸收市场权力的决策参与咨询、意见反馈，公平处理校务与学术的从属与主体定位纠纷，尊重学术、尊重教授、重视人文建设。促进高职内部组织机构设置扁平化，提升行政管理人员的服务意识和业务技能水平，完善高职人事制度、后勤管理制度、财务管理制度、信息管理制度等行政管理具体制度。

第五章 高职的教育教学管理

第一节 教学管理的基础

一、教学管理的组织系统、本质任务和内容体系

（一）教学管理的组织系统

教学管理的组织系统又称为教学管理的组织与方法体系，是教学管理的群体为了共同的目标，通过责权的分配、层级的统属关系和团体意识所构成的能自我调节、自我发展的一个社会系统；主要解决"谁来管理，怎么管理"的问题。管理体制则是指组织机构的设置，隶属关系和责权规划等组织制度的体系化，管理体制和组织结构的合理和优化决定着教学管理组织功能的有效发挥。管理系统是一个个体、团体和整体之间结构性的关系组织，是一个组织成员相互行为关系的行为系统，是一个随着时代环境的变化不断自我调整、自我适应的生态组织，也是一个组织成员角色关系的网络系统。教学管理组织建设的目标主要是建立一个科学、完善的教学管理系统，形成全面的质量管理体系和运行机制，以服务于教学、教师和学生。教学管理系统是侧重于过程管理的纵向系列和侧重于目标管理的横向系列的结合。纵向系列指学校、二级学院（部）、教学系部和教研室；横向系列主要涉及目标管理，包括教务部门、科研部门、学生管理部门、人事部门、政工部门、后勤保障部门等等。这两个系列要处于完全协调一致的工作状态，才能完成共同的教学工作目标——人才培养。

要建立起高效能的、灵活运转并能创造性工作的教学管理组织系统，必须重视和加强教学管理队伍的建设，建立一支专兼结合、素质较高、相对稳定的教学管理干部队伍，机构要有职责范围，人员要有岗位责任。

（二）教学管理的本质

教学管理的本质是在多层次、多因素的高等学校系统中，以教学子系统作为研究的管理对象，组织和运用有限的人力、物力、财力对教学过程进行科学合理的安排，实现教育资源的最优配置，获得教学工作的最佳效益。

（三）教学管理的基本任务和职能

教学管理的基本任务是遵循教育教学基本规律，通过对培养、改革、建设和管理的系统规划，借助现代化的科学管理手段，对全部教学活动在动态演进中达到既定的教育教学目标的管理。同时，要发挥管理的协调作用，调动各方面的积极性，保证全部培养过程各阶段教学任务的有效实现。

教学管理的职能可归纳为"决策、规划，组织、指导，控制、协调，评估、激励，研究、创新"，它们之间相互交叉，互为联系，是一个有机的整体。

（四）教学管理内容体系

搞好教学管理的核心是每位教学管理者应清楚地知道"应该管什么，重点管什么，怎么样才能管好"。教学管理是有机的、统一的整体，教学管理的内容体系从不同视角呈现不同的体系框架（结构）。从教学管理业务的科学体系或工作体系来看，可概括为"四项管理"，即教学计划管理、教学运行管理、教学质量管理与评价和教学基本建设管理；从教学管理职能的角度来看，主要包括决策规划、组织指导、控制协调、评估激励和研究创新；从教学管理的高度和层次来看，包括静态管理与动态管理相结合的教学改革、教学建设和日常管理。

1. 教学计划管理

培养方案是学校保证教学质量和人才培养规格的重要文件，是组织教学活动、安排教学任务、确保教学编制的基本依据。教学计划是在中华人民共和国教育部（以下简称教育部）的宏观指导下，由各个学校组织专家自主制订的，它既要符合教育规律，保持一定的稳定性，又要根据社会、经济、科学技术的新发展适时地进行调整和修订。教学计划一经确定就必须认真地组织实施。教学计划管理的核心工作是精心设计人才培养的蓝图，这就需要我们投入很大的精力进行必要的基本调查研究，包括国内外相同、相近学科专业的改革和发展动向，特别是新的教育观，新的教学内容、课程体系、教学环节和人才的培养模式等。要组织学校本学科专业的学术、教学带头人及有经验的骨干教师先行研究课程结构体系，只有设计构建一个整体优化的课程结构体系，把人才培养的总设计描绘清晰，才能够据此培养出高质量的合格毕业生。当然，教学计划在制订以后还要有严格的组织实施，不能有随意性。

2. 教学运行管理

教学管理的基本点是通过协调、规范的管理保障教学工作稳定运行，保证教学质量。教学运行管理主要是围绕教学计划的实施所进行的教学过程及相关辅助工作的组织管理。教学过程是学生在教师指导下的一种认知过程，又是学生通过教学获得全面发展的一个统一过程。高等学校教学过程组织管理的主要特点：一是大学生学习的独立性、自主性、探索性逐步增强；二是在宽厚的基础学科上进行适度的专业教育；三是教学和科研的逐步结合。根据这些特点，在教学过程的组织管理中要注意把握两方面的工作：一方面，要制订好课程大纲；另一方面，要针对课堂教学、实践教学、科学研究训练这三个主要环节设计好组织管理的内容、要求和程序，并依此来进行检查。

3. 教学行政管理

教学行政管理主要指学校、二级学院、教学系部等教学管理部门要依据教学规律和学校规章制度行使管理职权，对各项教学活动及相关的辅助工作进行科学合理的组织、指挥、调度，以保障学校教学工作稳定有序运行的协调过程，也包括严格规范地做好教学的日常管理、学籍管理、教学工作管理、教学资源管理和教学档案管理等工作。

4. 教学质量管理与评价

教学质量是个综合化的概念，衡量教学质量高低的指标应该包括教学、学习及管理质量的综合指标；教学质量又是一个渐进的、累积的形成物；教学质量是静态管理和动态管理相结合的，应注重动态管理和过程管理，这是因为教学质量管理的最终任务是保证和提高每一项教学活动、每一个教学环节及最终的教学质量。转变教育思想、提高教育质量是搞好教学质量管理的前提条件。要深入研究质量监控，研究完成全程质量管理的设计，建立适合校情的质量监控体系和运行机制，首先要厘清质量监控的概念、要素、体系和组织系统，要研究质量监控与质量保证的所有相关问题。高职应建立科学的、抓住核心的、可操作的质量管理模式，包括教学质量检查方式，教学工作评估，教学信息的设计、采集、测量、统计分析和管理等。

二、教学管理的特点

教学管理在高职各项管理工作中的重要位置及教学活动的特殊性，决定了教学管理具有能动性、动态性、协调性、教育性和服务性等特点。

（一）教学管理的能动性

教学管理的能动性是指人的主观能动性。教学管理的对象主要是教师和学生。能否充分有效调动教师"教"和学生"学"的积极性，是衡量教学管理工作成效的主要标准。在教学管理中，教师和学生具有双重身份，教师作为对学生学习活动的组织者、指导者时属于管理者，发挥管理者的职能，而作为高职教育教学活动的执行者时则属于管理对象，履行管理对象的职能；学生既是学校和教师的管理对象，又是自身学习活动的自我管理者；教师与学生无论是管理者还是管理对象都具有主观能动性，彼此相互影响、相互促进。

（二）教学管理的动态性

教学管理涉及的每个环节都处于动态发展的环境中，如培养方案的制订要随着社会经济的发展更新、完善，教学运行的管理要随着学校教学条件的变化进行合理调整，教学质量的评价体系要随着建设内容的变化不断地进行更新等。在不断变化中总结和提高，使教学管理水平和质量螺旋式向上发展。

（三）教学管理的协同性

教学管理的主要任务是协调好学生的个体活动和学校、教师组织的集体活动，充分发挥教师、学生的个性，有益于个人和集体的协同发展。

（四）教学管理的教育性

教学管理人员通过合理制定管理制度，有效实施管理过程，奖惩分明，帮助学生实行自我教育、自我管理、自我服务的"三自"管理，以达到育人的最终目的。

（五）教学管理的服务性

高职的中心工作是育人，教学管理要围绕教师"教"与学生"学"做好服务工作。

增强服务意识是对教学管理人员最根本的要求。

三、正确把握教学管理的几个重点

（一）注重提高教学管理人员职业道德和业务能力

学校应充分认识到教学管理人员对学校发展所起的重要作用，注重培养教学管理人员的政治思想素质，树立高尚的事业心、责任心及奉献精神。

教学管理人员处于承上启下的关键位置，承担上传下达的工作职责，既要贯彻执行上级部门的文件精神与工作部署，又要组织、协调学校的教学管理工作，同时还要直接面对教学一线的教师，处于与学生沟通交流的前沿，这样的工作定位与工作职责要求教学管理人员首先要具有职业道德与高度的责任感。教学管理工作涉及面广、内容多，事无巨细，看似事小，实质关系重大。如传达上级文件精神、组织安排学校教学工作计划、教师停调课安排、考试工作安排、学籍档案管理等，年年重复，天天面对，很容易引起认识上的麻痹。看起来都是小事情，但每件小事的管理出现差错就会直接导致院（部）甚至全校教学秩序的混乱，教学工作无法正常运转，影响极大。

教学管理人员要具有团结协作精神。高职教学管理工作的特点之一是层次管理，既有一定的独立性，又相互协作与配合，只有具有良好的团队协作精神才能全方位地处理好分工负责的工作，为师生创造良好的工作环境，解决工作中遇到的问题。

要具备较强的业务素质。教学管理人员的业务素质与能力是其独立从事教学管理工作，解决实际问题，顺利完成任务的根本条件，学校应提高教学管理人员的业务素质，使其熟练掌握教育学、心理学等有关高职教育专门知识，掌握教学管理的基本理论和专门知识，准确评估教学发展趋势，协调各部门、各因素间的相互关系，促进各类信息的精确流通，不断创新管理方法，提高管理素质和水平；结合工作实际，开展教育科学研究与实验，适应管理科学化、现代化的要求。

（二）正确处理教学管理与教学质量的关系

教学管理是学校对教学工作各方面实施的管理，根据既定的目标、原则对整个教学工作进行有序的调节和控制。教学管理的每一个环节都与教学的质量关系紧密。教学管理涉及的内容广泛，从教学质量评价系统来看，包括培养方案、教学计划的制订、教学任务的安排、教学跟踪监测、信息收集、信息统计分析、质量评价等内容。同时，根据反馈的信息和评价的结果，不断更新和调整教学计划。每一项工作的具体内容又包括许多方面，如教学跟踪监测是考查教学方法是否先进，授课内容是否新颖，理论与实践的结合情况如何，课堂是否有吸引力，学生作业、实验、实习的完成情况和考试的成绩评定等内容。教学管理始终要围绕全面提高教学质量这一中心工作开展，高职教育应改革和完善教学管理体制，创造和建立新型的适应人才培养、素质提高的教学管理制度。

（三）正确处理好教学管理人员与教师教学任务的关系

教学管理人员和教师共同承担着教育的使命，教学管理人员是以有效整合发挥教育资源为主，教师则是以传播知识、启迪思想为主。"管理育人"和"教书育人"相辅相成，两者不是管理者与被管理者、监督与被监督的关系，而是相互影响、相互作用的关系，两者相互关联、密不可分，是同一目的两个不同的面，具体体现在以下几方面：①教学管理人员是衔接教师"教"与学生"学"两者关系的纽带，协调和处理两者之间的矛盾和问题，创造良好的教学环境，保证"教"与"学"的顺利进行。②教学管理人员通过整理、分析教师教学质量的各种信息，反馈"教"与"学"的情况并进行科学的评定。检查、考核教师在教学过程中的学术水平、教学水平及敬业精神，总结和评估教师是否完成教学任务制订的各项指标与计划，促使教师不断地按照社会发展和市场需求，保持高质量的教学水平，培养适应社会需求的高质量人才。③教学管理人员和教师共同参与学校的专业建设、课程建设、教材建设、实验室建设等工作。通过对教学的调查、研究、分析，提出改革和改进教学工作的方案与计划。④教学管理人员为教师提供在教学上所需要的帮助，创造优质的教学环境，让教师集中精力投入教学。

（四）注重教学管理与教学研究的关系

教学管理是一个长期建设和积累的过程，高等学校能够完成日常的教学管理，保障教学的正常运行，只是完成了第一次的工作，标志着有了一个良好的工作基础和教学环境。要提高人才培养质量，提高教学管理水平，必须开展教育教学研究。实践证明：重视教育教学研究工作的学校，其教学工作的指导思想明确、目标选择恰当，能审时度势，从国情、校情出发确立新思想、新思路、新措施、新制度，教学工作和管理工作处于高质量状态。教学管理和教学管理研究开展较差的学校，其教学改革往往比较落后，抓不住教学改革的重点与核心。因此，注重教育教学研究是教学管理提高水平、质量和效益的关键所在。

第二节 高职专业、课程建设与管理

一、专业建设研究与进展

（一）学科建设与专业建设

1. 学科建设和专业建设的内容

学科建设的构成要素主要有学科带头人、学科梯队、科研课题、研究仪器设备、学科建设管理人员等；学科建设主要是学术梯队建设、研究设施建设、确定研究方向、争取研究项目，形成科学、合理的学科管理制度等，目标是取得更高水平的研究成果。学科建设的作用表现在五方面：①学科水平是高职办学水平和综合实力最主要的体现。②学科是人才吸引的强磁场，人才培养的沃土。③学科对人的发展起着定向和规范的作用。④学科建设是构筑高校核心竞争力的必由之路。⑤学科建设是高职发展的平台，是高职人才培养、科学研究和社会服务三大社会功能的基础。

专业建设的构成要素主要有教师、课程、教材、实验与教学管理人员等。专业建设主要是专业培养目标与培养方案的制订、专业教学手段与教学方法的改进、人才培养模式的改革、课程开发、教材建设、实验室与实习基地建设等。高等学校专业的划分是以学科分类为基础，与社会职业分工相适应的。专业建设的作用表现在三方面：①专业水平反映了学校人才培养的水平。②专业是学校培养学生传授技能的平台，反映学校学科水平。③专业建设是提高学生就业综合竞争力的重要途径。

2. 学科建设和专业建设的关系

高职进行学科建设必须搞清楚学科建设与专业建设的关系。原因之一是历来非研究型大学不重视学科建设，或对学科建设认识不清；原因之二是这些院校大部分学科的科学研究基础非常薄弱；原因之三是学科建设与专业建设关系问题在实践中凸显出来的时间不长。学科的划分遵循知识体系自身的逻辑，学科是相对稳定的知识体系。

学科建设是对相关学科点和学科体系的科学规划和重点建设，从而形成和提升人才培养与科学研究的综合实力。学科建设与专业建设密不可分，学科建设是基础，学科建设的成果可以作为专业建设的原料，但也可以有非专业建设的用途，可以直接为当地生产建设所用；专业建设是成果，中间通过课程这一桥梁来连接。市场对人才规格要求的变化引起专业的调整，也是促进学科建设的动力之一。

（二）专业设置、调整优化与建设

专业设置是高职教育部门根据科学分工和产业结构的需要所设置的学科门类，是人才培养规格的一个重要标志和体现，高职学科专业结构调整和优化是高职教育支撑国家发展战略的迫切需要。

高职教育教学管理研究与进展：①以社会需求为导向，合理设置学科专业，要从国家经济社会发展对人才的实际需求出发，加大专业结构调整力度，根据科学技术发展的特点，紧密结合我国高职教育实际，研究建立适应国家经济与社会发展需要的专业设置和调整制度，制定指导性专业规范。②要根据国家对各专业建设的要求，在进一步拓宽专业口径的基础上，大力倡导在高年级灵活设置专业方向。③构建专业设置预测机制，定期发布各类专业人才的规模变化和供求情况，引导高等学校及时设置、调整专业和专业方向，为高职优化专业布局和调整人才培养结构提供指导；研究建立人才需求的监测预报制度，定期发布高职教育人才培养与经济社会需求状况，加强与社会用人单位的联系，培养满足国家经济社会需要的各种专门人才。④大力加强专业建设，按照优势突出、特色鲜明、新兴交叉、社会急需的原则，引导各级各类高等学校发挥自身优势，大力培育优势明显、特色鲜明的专业，加大建设力度，逐步形成专业品牌和特色。⑤积极探索专业评估制度改革，重点推进工程技术、医学等领域的专业认证试点工作，逐步建立适应职业制度需要的专业认证体系。⑥设置新的专业，要进行科学论证，严格履行必要程序，充分考虑职业岗位和人才需求，要有成熟的学科支撑，符合学校的办学目标和办学定位，拥有相配套的师资条件、教学条件和图书资料等，并投入必需的开办经费，加强对新设置专业的建设和管理。

（三）专业设置与调整管理规定

1. 专业设置基本条件

《普通高等学校本科专业设置管理规定》要求高职设置专业必须具备"符合学校办学定位和发展规划；有相关学科专业为依托；有稳定的社会人才需求：有科学、规范的专业人才培养方案；有完成专业人才培养方案所必需的专职教师队伍及教辅人员；具备开办专业所必需的经费、教学用房、图书资料、仪器设备、实习基地等办学条件，有保障专业可持续发展的相关制度"等基本条件。

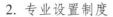

2. 专业设置制度

专业设置和调整仍然采取自下而上的"申报—审批—备案"制度，审批和备案工作每年实行一次。从 21 世纪 10 年代初开始，教育部设立了专门的"普通高等学校专业设置与管理平台"作为专业公共信息服务与调整的公共信息服务与管理平台。

3. 专业调整

调整专业，按备案程序执行；调整国家控制布点专业或目录外新专业，按审批程序执行。被调整的专业按撤销专业处理，被撤销的专业由高职主管部门报教育部备案。

高职教育调整专业的学位授予门类或修业年限时，按审批程序办理；现设专业连续五年不招生的，原则上按撤销专业处理。

（四）典型专业建设与管理

1. 特色专业建设的重点内容

特色专业是指在办学理念、人才培养模式、专业教学内容及教学手段等方面具有显著特色的专业。特色专业所培养的学生比一般专业人才具有更加突出的人文素养、专业能力；有独立、个性化的人才培养方案，较高的学术声誉与较大的社会影响。

特色专业的建设目标是培养专业素养突出的高素质人才，重点从专业建设与专业发展理念、人才培养目标、专业课程体系构建、实践能力培育、师资队伍及教学管理等方面进行。

（1）专业建设观念的建设要点

特色专业的建设与发展要充分体现专业指导思想的科学性，使人才的培养更具有社会适用性。创新与改革特色专业建设观念，把特色专业建设与学校生存与发展紧密结合起来。

（2）人才培养方案的建设要点

特色专业建设的核心内容、重点与难点是人才培养方案的制订与优化，人才培养方案涵盖课程体系、教学内容、教学方式、实践教学环节等。特色专业建设过程中，重点要在加强相关产业和领域发展趋势与人才需求研究的基础上，建立有效的合作机制，吸引产业、行业和用人单位共同研究课程计划，制订与生产实践、社会发展需要相结合的培养方案和课程体系。合理确定基础课程与专业课程、必修课程与选修课程、理论教学与实践教学的比例，课程体系结构合理，特色鲜明，可操作性强。

教学内容设置服务于产业、行业与用人单位的需求，体现知识、能力、素质的要求，真正引入行业、产业发展所需的新知识、新技术。改革教材建设，更新教材体系与内容，利用现代信息技术开发与课程体系、教学内容相匹配或对教学内容进行补充的立体化教材，尤其是把行业、企业的先进技术引入教材建设内容；引进和使用国外优秀教材，拓宽学生视野，增强学生的国际竞争力。

改革教学方法与手段，突破以知识传授为中心的传统教学模式，探索以能力培养为主的教学模式，采用启发式、探究式、研究性教学方法，保证培养计划的顺利实施。

（3）实践教学建设要点

特色专业建设要强化实践教学建设与改革，改革创新实验教学内容和教学方法，构建基础实验、综合性实验、创新性实验、研究性实验相结合的实验教学体系。科研与教学相融合，探索项目式研究带动教学的新模式，将老师的科研成果与研究思维注入实验教学，扩展学生的知识视野，增强团队协作精神，培养科学思维方法，提高实践动手能力。

改善实验教学环境与条件，加大相关学科实验室和研究项目等资源向大学生开放力度，吸收学生参与科学研究；第一批特色专业建设点保证教学计划内各类实践教学活动累计时间不少于半年，其他批次特色专业建设点要逐步增加；有效设计生产实习、社会实践、科研训练、毕业实习、毕业设计（论文）等环节，积极探索"产学研"有效结合的模式，建立学生到工厂、企业、社会等实践教学基地开展实践实习的有效机制及学校、用人单位和行业部门共同参与的学生考核评价机制。

（4）师资队伍建设要点

建设一支以学术带头人为骨干，教学和科研综合水平高、结构合理的师资队伍；要有高水平的科研基础，特色专业的建设要求科研与教学有机结合，科研促教学改革，教学促科研水平的再提高，特色专业建设是将科研与教学有机结合的最好途径。

改革教师培养和使用机制，完善校内专任教师到相关产业和领域一线学习交流、相关产业和领域的人员到学校兼职授课的制度，形成交流培训、合作讲学、兼职任教等形式多样的教师成长机制，形成一支了解社会需求、教学经验丰富、热爱教学工作的高水平专兼结合的教师队伍。

（5）教学管理制度的建设要点

建立调动教师参与教学积极性的政策措施，一方面吸引和保证高水平教师从事教学工作，另一方面鼓励和支持骨干教师与相关企业进行合作、交流和学习。建立支持学生参与科研创新实践活动的有效机制，充分调动教师指导学生和学生自主参与科研的双向积极性。建立学生深入社会开展实践活动的长效机制，形成教学、科研和社会实践有机结合的人才培养模式。

构建教学质量保障体系与评估机制，紧密结合专业特点及行业发展实际，建立学校、行业部门和用人单位共同参与的学生考核评价机制。

2. 特色专业的检查与验收

①第一类特色专业建设点的建设期限为 2~4 年，按照《高等学校本科教学质量与教学改革工程项目管理暂行办法》接受检查与验收。②检查验收以《高等学校特色专业建设点申报书》上的有关内容为主要依据。③高等学校特色专业建设点项目的承担学校应在学校网站设立专栏，对外公布项目的建设内容、实施方案和进展程度等相关信息，加强有关建设成果的宣传推广，充分发挥项目的示范作用。

二、课程建设研究与进展

课程是最基本的教学元素，是学生接触最直接、受益最全面的教学单元。通过课程的学习，学生不仅获得知识和技能，同时形成特定的人格。课程的质量直接影响着人才培养的质量。在专业建设、师资队伍建设、实验室建设和课程建设等教学基本建设中，课程建设处于核心地位。课程建设作为高等院校教学建设中的基础性建设，是一个动态的、系统的管理过程，包括教学大纲、教学方案、教材及教学条件等完成传授知识的载体与条件，教学文件、教学环节、教学管理状态等完成传授知识的教学工作状态，以及师资队伍等知识的传授者。高职的课程建设可概括为：以师资队伍建设为中心，以教学材料建设为依据，以教学设备建设为保证，以改革教学体系和内容为关键，以教学方法和教学管理科学化为手段，以全面提高教学质量为目的的一项系统工程。课程建设的任务是根据现有条件和课程现状，逐步完善课程的各相关要素，强化知识传授和能力培养系统。课程建设将相应地促进师资、教材、条件、管理、手段和方法的改革。

作为学校教学建设的核心内容，课程建设目标的实现主要体现在能否建设一支高水平的师资队伍，能否培育出高素质的创新型人才，能否创造出高水平的教学和科研成果，以及是否有与课程建设相配套的高效、科学的教学管理体制和激励机制等。课程建设的质量高低对于建立学生合理的知识结构、能力结构和创新精神具有十分重要的意义。

（一）典型课程建设与管理

1. "精品课程"建设与管理

精品课程建设在推动优质课程和资源建设，实现优质教学资源共享，促进高职教育协调发展，特别是全面推动教学内容信息化建设等方面发挥了积极的作用。精品课程带来的以提高教学质量为导向的激励机制，特别是把教育信息化作为提高教育质量的新手段，调动教师教学改革的积极性和学生主动学习的积极性方面起到了重要引领作用。

（1）精品课程的概念和教育理念

精品课程是具有特色和一流教学水平的优秀课程。精品课程应具有五个要素，即高职教育教学管理研究与进展具有一流教师队伍、一流教学内容、一流教学方法、一流教材、一流教学管理。精品课程通常具有"体现现代教育思想，符合科学性、先进性和教育教学的普遍规律，具有鲜明特色，恰当运用现代教学技术、方法与手段，使用一流教材，教学效果显著，具有示范和辐射推广作用"等特征。精品课程强调的是一种全新的教育理念，即以科学性、先进性、特色性、创新性、应用性、有效性和示范性为指导，树立精品课程建设可持续发展的观念。在课程整体水平提高的基础上，有计划地创建和培育精品课程。通过精品课程的示范效应，带动课程整体水平的提高，形成课程建设的良性循环。

（2）精品课程建设的作用

精品课程逐级评审和政策激励机制有利于调动地方和高职建设精品课程的积极性，建立各门类、各专业的校、省、国家三级精品课程体系；引导高职进行课程内容改革和建设，整合教学改革成果和优质教学资源（先进的教学理念、模式、方法），实现优质教学资源共享（教师），促进学生自主学习，整体提升学校的教学水平。

①带动课程整体建设水平提高。通过在教学内容、教学方法和手段、教学梯队、教材建设、教学效果等方面的较大改善，全面带动我国高等学校课程建设水平和教学质量的提高。精品课程拓宽了学生的视野、专业面，培养了学生的创新能力。②实现优质教学资源共享。实现课程的教学大纲、授课教案、习题、实践（实验、实训、实习）指导、参考文献目录、现场教学录像等课程资料全部上网，为广大教师和学生提供免费共享的优质教育资源。③造就一批优质教育资源。通过精品课程的建设可以造就一批一流的师资队伍，建设一批一流的教学内容，产生一批一流的教学方法，出版一批一流的教材和创造一批一流的教学管理。④推动新型教育教学改革实施。精品课程的建设为专业建设、人才培养模式的改革打开了方便之门，新型课程开发为人才培养模式改革的有效实施提供了有力的支撑和保障。

（3）精品课程的建设重点

第一，以人才培养为唯一目标建设精品课程。按照相关教育法律、法规规定，教学要求学生系统地掌握本学科、专业必需的基础理论、基本知识，掌握本专业必要的基本技能、方法和相关知识；具有从事本专业实际工作和研究的初步能力。可见教师的责任是人才培养，而课程是实现人才培养最有效、最直接的载体。课程是高职教育的主战场，精品课程是提高人才培养质量的试验田和先锋队。

第二，课程建设要与学校的人才培养定位、人才培养模式相一致，相互支撑。不同的学校应该根据学校自身层次、特点等实际情况开展课程建设和精品课程建设。以人才培养质量为最终目标，遵循教育教学规律，在教学内容、教学方法、教学手段和教学效果方面深化课程建设和改革，同时加强师资、教材、资源、实验室、图书馆等方面的教学保障。重点做好以下几方面建设。①在教学内容方面：要处理好经典与现代、理论与实践的关系，重视在实践教学中培养学生的实践能力和创新能力。②在教学条件方面：重视优质教学资源的建设和完善，加强课程网站的辅助教学功能。③在教学方法与手段方面：灵活运用多种教学方法，调动学生的学习积极性，促进学生学习能力发展，协调传统教学手段和现代教育技术的应用，并做好与课程的整合。高职教育教学管理研究与进展。④在教学队伍的建设上：注重课程负责人在实际教学工作中的引领和示范作用，促进教学团队结构的完善和水平的提高。⑤体现能力导向的教育：以学习能力为代表的发展潜力是用人单位最关注的素质之一。通过教育唤醒学生的力量，培养学生自我性、主动性、抽象的归纳力和理解力。⑥重视教学内容和课程体系的改革：更新教学观念，优化教学内容，采用先进的教学方法和教学手段，深化课程体系改革。

第三，将课程培训纳入高职师资培训。将精品课程建设和师资培养结合，促进教师专业发展。将教师课程培训纳入高职师资培训，形成制度。列支专项资金资助教师参加课程培训，加强兄弟院校之间的交流，提升教师的业务能力，强化更新教师人才培养的观念，提高教师授课积极性。以精品课程建设为抓手，培育一批优秀教学骨干队伍，逐步形成一支主讲教授负责的，结构合理、人员稳定、教学水平高、教学效果好的教师梯队。

加强网络平台资源的建设，实现资源共享。由于重点大学和一般院校、系部高职和西部高职发展的不平衡，导致高职教育发展失衡，进而影响经济的均衡发展，网络信息技术的发展为优质教学资源共享提供了可能，重点大学和经济发达地区的优质资源可以使全国高职的教师和学生受益。

网络环境下，高职教师既是资源使用者，又是资源建设者，应该实现资源互通有无，取长补短，共同建设，共同分享。建设有效共享地覆盖各级各类教育的国家数字化教学资源库和公共服务平台，无疑是对教学服务的最有效、最直接的方法。资源的有效性来自整合与流动，通过共享避免重复建设，突出特色，建设最优质、最有效率的教学资源。

第四，完善管理机制，提高教师课程建设与改革的积极性。高职应从管理机制上进行调整，一方面，加大精品课建设的资助力度。从学校的津贴奖励方面给予大力倾斜，提高教师课程改革的积极性和动力，让教师能够全心投入课程建设中；另一方面，加强课程建设的监督管理，对于建设效果不好，示范共享工作不到位的课程给予相应的惩罚。

第五，认真研究教学过程，精心进行教学设计。课程的课堂效果是人才培养质量的关键环节，如何使课堂达到最佳效果，值得认真研究。应该对教学的各个环节精心地研究，对教学过程进行系统的整体设计。

一是明确课程的培养目标。如学生应该掌握哪些知识、培养何种能力、锻炼什么精神等。二是对课程的教学模式设计。包括理论授课、实验（践）课程的课时分配和现行后续关系及课外讲座内容设计和辅导答疑安排等。三是教学内容的设计。教学内容重点难点、先行后续关系、学时分配等。四是教学方法的设计。根据不同课程的性质特点设计合适的教学方法，最大限度地调动学生学习的兴趣，使课程生动，具有吸引力。五是学生学习方法的设计。教师采取各种方法努力讲好课的同时，还要让学生知道如何学。让学生充分利用课上课下时间，有目的地按照教师事先设计好的方向去学习。六是对评价方法的设计。从系统的角度考虑，根据课程培养目标、教学方法、教学内容等建立协调一致的评价方法。七是保障课程实施效果的过程性工作的设计。制订了课程的目标，设计了教学方法、学习方法和相应的评价方法之后，要想取得理想效果，必须加强过程管理，建立过程中主要环节的监督机制，实现目标管理和过程管理的有机结合。

2."精品资源共享课"建设与管理

（1）资源共享课建设背景

打造具有中国特色的大规模在线教育品牌，并在实践中不断完善。其建设背景主要有以下几点：①中国大学资源共享课建设是现代信息技术催生高职教育深刻变革的产物。中国大学资源共享课适应时代要求，把现代信息技术与教学活动紧密结合起来，提供全新的知识传播模式和学习方式，使个性化学习成为可能，使不同人群共享优质资源成为可能，使更多社会学习者接受优质高职教育，促进教育公平成为可能。②开展资源共享课的建设与共享是落实教育规划纲要的重要举措之一。要推动信息技术与高职教育深度融合，创新人才培养模式，实施优质数字教育资源建设与共享行动。③适时推出中国大学资源共享课是增强我国高职教育国际竞争力的需要。适时推出新型的中国大学资源共享课在线教育，将在国际上进一步展示我国高职教育改革发展的成果，同时通过参与国际竞争促进高职教育质量提高，推动全球高职教育深刻变革。

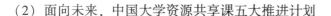

（2）面向未来，中国大学资源共享课五大推进计划

①继续高质量完成原国家精品课程的转型升级建设任务。②探索和开发新型的资源共享课。组织专家研究、分析当今流行的MOOC（即大规模网络公开课程）模式，并结合我国国情和高职教育教学需求，结合课程自身属性，在运用现代信息技术丰富教学资源、教学方法、学习方式方面打造精品，探索建设多种新型的资源共享课，以满足不同教学需要和不同学习者的需求。③大力推进中国大学资源共享课的共享与应用。对已上线课程持续更新，鼓励师生和社会学习者参与网上互动，推动上线课程在"爱课程"网的广泛共享和应用；推动共享课与校内课程教学相结合，在教育教学质量提升上见成效；对上线课程进行持续建设和深度开发，尤其是拓展资源，逐步形成系统完整、资源丰富、体验感强的数字化课程。④不断完善课程共享系统。在现有建设成果的基础上，深入研究国内外先进课程平台技术，搭建国家层面高水平网络教育技术平台，加快网上开放课程资源建设，充分利用资源共享课已有的丰富教学资源，为学习者提供更多服务。⑤积极探索建立在线教育管理制度。要加强制度设计，研究制定适应学习者个性化学习需求的网上在线教育学籍、学习证书、学分、学位等管理办法和政策，为学习者提供良好的制度环境和政策保障。

（3）精品资源共享课建设要求

①定位特色

中国大学视频公开课是以高职学生为主要服务对象，同时面向社会学习者免费开放的科学、文化素质教育网络视频课程与学术讲座，是知识普及类课程。

中国大学资源共享课与视频公开课的定位有所不同，是以面广量大的高职公共基础课、专业基础课和专业核心课为重点，以高职教师和学生为服务主体，同时面向社会学习者，提供运用现代信息技术加工处理后的高等学校内部教学核心资源，不仅有课程的全程教学录像，还包括高职教学活动必需的各种基本资源，构建了适合在校生及社会学习者进行在线学习和交流的网络学习环境，是体现先进教学观念、教学方法、师生在线互动交流、学生自主学习的课程。即中国大学资源共享课是教学互动性很强的学科专业类课程，中国大学视频公开课是知识普及类课程。

②建设要求

第一，申报课程必须在学校连续开设3年以上，在长期教学实践中形成了独特的风格，教学的理念先进、方法科学、质量高、效果好，得到广大学生、同行教师、专家及社会学习者、行业企业专家的好评和认可，在同类课程中具有一定的影响力和较强的示范性。第二，团队要求：国家级精品资源共享课应该由学术造诣深厚、教学经验丰富、教学特色鲜明、具有高级专业技术职务的教师主持建设，建设团队结构合理，应包括专业教师和教育技术骨干。高等职业教育精品资源共享课中的专业课建设团队还应该体现专兼结合的"双师型"教学团队特点。第三，内容要求：课程内容能够涵盖课程相应领域的基本知识、基本概念、基本原理、基本方法、基本技能、典型案例、综合应用、前沿专题、热点问题等内容，具有基础性、科学性、系统性、先进性、适应性和针对性等特征，严格遵守国家安全、保密和法律规定，适合网上公开使用。第四，资源要求：应结合实际教学需要，以服务课程教与学为重点，以课程资源的系统、完整为基本要求，以资源丰富、充分开放共享为基本目标，注重课程资源的适用性和易用性。基本资源：基本资源指能反映课程教学思想、教学内容、教学方法、教学过程的核心资源，包括课程介绍、教学大纲、教学日历、教案或演示文稿、重点难点指导、作业、参考资料目录和课程全程教学录像等反映教学活动必需的资源。拓展资源：拓展资源指反映课程特点，应用于各教学与学习环节，支持课程教学和学习过程，较为成熟的多样性、交互性辅助资源。例如，案例库、专题讲座库、素材资源库，学科专业知识检索系统、演示/虚拟/仿真实验实训（实习）系统、试题库系统、作业系统、在线自测/考试系统，课程教学、学习和交流工具及综合应用多媒体技术建设的网络课程等。第五，技术要求：国家级精品资源共享课建设应符合《国家级精品资源共享课建设技术要求》。

3. MOOC（大型开放式网络课程）的建设与管理

MOOC的提出。21世纪初，第一次提出MOOC的概念，其主要特点可以概括为"大规模、在线和开放"。"大规模"体现在学习的人数上。与传统课程只有几十个或几百个学生不同，一门MOOC课程的学习者可达上万人；"在线"是指学习是在网上完成的，不需要面授，不受时间与空间的限制；"开放"是指世界各地的学习者只要有上网条件就可以免费学习优质课程，这些课程资源对所有人开放。除了商业公司提供MOOC平台外，还有一些老师使用各类社交媒体或学习站点进行MOOC教学，这是其"开放性"的另一种体现。对学习者（最终用户）来说，他们绝大部分精通计算机技术、社交网络，他们希望通过网络获得免费优质课程，与来自世界各地的学习伙伴产生学术碰撞。

MOOC的特点。MOOC的特点是将传统的课堂与网络课程相融合，目前MOOC课程的共同特征表现为：大多数课程都有特定的上课期间，大约1~3个月；90%左右的课程都属于教师引导型的授课方式；教学平台大都是自行开发或整合，很少使用一般的LMS（中科软行业推广部研发的培训管理系统）平台；教材大都以Video（视频）形式呈现，很少是Flash动画；几乎每门课程的老师和学员互动及学员间的讨论互动都很热烈；学员来自全球各地；几乎所有的课程教学和讨论都以英文进行；课程结束后，注册学员还可以进入课程复习。

MOOC 的组成。①讲座。通常情况下，MOOC 常把教授已有的一般为 45~90 分钟的课程分成 10~15 分钟的不同小段（有的可能会分成 1~2 分钟），讲座的质量取决于教授自身的能力、教授在摄像机前的适应能力，不取决于教授使用传输内容的工具。他们不提供课堂上常用的互动、问答式学习方式，学生不可随时打断教授的讲解与之进行交流。但是，MOOC 能为学生提供免费接触顶级教授资源的机会，缺乏互动性也能接受。通常情况下，学生上课人数较多的大课科目，课堂上很少有讨论与互动环节。②家庭作业。大多数 MOOC 课程的学员人数较多，有的甚至出现上万或数十万学员注册同一门课程。因此，作业一般都是自动评分形式，或在视频讲座的关键时刻出现（通常是用来确保学生理解所学内容），或者在一周系列讲座结束后留作业来测试他们所学的知识。③阅读。阅读在很大程度上包括从书本中吸取知识，MOOC 区别于传统教学阅读在于阅读作业的多少，各门课程之间差异较大。④讨论。MOOC 的在线讨论、社交网络及视频会议取代了目前学校的自由讨论和走廊讨论方式，与阅读相似，讨论也是通过数字游戏进行。讨论有时是在虚拟空间中，学生间进行大量的互动，有时是以论坛的形式出现，缺点就是由于评论太多，好的观点会在成为有价值的讨论内容之前很快就被埋没了。⑤评估。对 MOOC 的学习效果进行测试、考试、评分是一项非常重要的事情（尤其是 MOOC 及其他"新型学习"是否可以授予学分的问题）。

第三节　高职教育质量监控管理体系

学校开展的各项教学活动是教学质量的一种动态体现，是学生在教师的引导下，系统学习科学文化基础知识和基本技能，确立科学的世界观、人生观和道德观，发展智力和体力，提高学生全面素质的过程。因此，对整个教学过程实施质量监控，确保教学过程各个环节的有效运转，真正做到按教学自身发展的规律组织教学，运用科学的方法管理教学，调动全体师生在教与学当中的积极性、创造性，实现教学管理科学化、民主化、现代化是非常重要的。通过监控体系的建立与实施，不断提高高等学校的教育教学质量。

一、重构教学质量监控的过程管理体系

在新时期，深入贯彻《国家中长期教育改革和发展规划纲要（2010—2020 年）》，再

造合理、完善的教学质量监控体系是全面提高教学质量的必然要求，是依法治理学校的良好体现，关系到学校发展的各个环节，是一项庞大的系统工程，也是学校改革与发展的一项艰巨任务。高等学校教学质量的主要影响因素分硬件与软件两方面，硬件方面主要是教学设施条件，软件方面有生源质量、教师的教学水平、学生的学习水平、校风、教学管理水平等。其中教学质量管理在学校现有办学条件下起着非常重要的作用，其重点是对教学的全过程进行有效的教学质量监控。在新形势下，采取一系列措施再造与重构教学质量监控过程管理体系并付诸实践，对于全面提高教学质量起着关键的作用。

（一）指导思想与基本原则

1. 指导思想

坚持以教学质量为生命线和以学生为本的指导思想，重视教学各环节的教学质量，使教学质量监控与保障体系运行始终围绕高素质创新人才的培养。

2. 基本原则

（1）目标原则

教学质量监控与保障的目的是保证完成教学任务，实现培养目标。其任务就是发现偏离于计划目标的误差，并采取有效的措施纠正发生的偏差，从而确保教学任务与培养目标的实现。

（2）全员性原则

教学质量离不开全体师生员工的共同努力，人人都是质量监控与保障系统中的一员，其中学生是主体，教师是主导，系（部）、教研室是基础，职能部门是核心，院系领导是保证。

（3）系统性原则

教学质量涉及教师、学生、教学设施等多方面，同时与学院办学定位、培养目标和管理等密切相关，是一个系统共同作用的结果。由学院、职能部门、系（部）、教研室和学生班级等构成的一个多层次、纵横交叉的网络，是一个完整的教学管理系统。

（4）全程性原则

教学质量主要是在教学实施过程中形成的，质量监控与保障系统应能对教学的全过程进行监控，要做到事先监控准备过程，事中监控实施过程，事后监控整改过程。

（二）目标与保障措施

1. 目标

构建教学监控与保障体系，重点是建立和完善科学、合理、易于操作的评估高职教育教学管理研究与进展指标体系与相应的奖惩制度。通过教学质量的动态管理，促进学院合理、高效地利用各种资源，保证教学工作的正常运行，全面提升学院教学质量。

2. 保障措施

（1）组织保障

确保教学质量保障与监控体系的正常运行，充分发挥全员性原则，建立校院两级组织机构，形成"专兼并举，主辅结合"的管理队伍，形成管理合力。

（2）制度保障

使各项教学管理工作制度化、科学化、规范化和现代化，保证教学工作有序进行与教学质量不断提高，系统地建立一套较为完整的管理规范体系，使整个教学活动有章可循、规范有序。

（3）经费保障

促进教学质量不断提高，在教学设施建设、专业建设、课程建设、师资队伍激励等方面按照建设与发展要求，给予经费支持。

（三）教学质量监控与保障体系的构成

教学质量监控与保障体系由教学质量决策、教学质量监控、教学质量实施、教学质量信息收集、教学质量信息反馈 5 个子系统组成。它是一个逐层向下监控、逐层向上负责的"责权合一"的质量管理系统。教学工作的组织、安排责任在学校及各相关学院，教学环节的设计与实施的责任在教师。

（四）教学质量监控与保障体系各子系统的功能

1. 教学质量决策系统

教学质量决策系统由主管教学校长负责的教育教学建设委员会组成。通过教育教学建设委员会等组织开展教学决策活动，负责对教学工作进行宏观指导与管理，审定各教学环节的质量标准，协助协调各院（系）、职能部门按照基地的发展定位、办学理念和人才培养目标，制订高职教育教学改革与发展规划和条件建设计划。

2. 教学质量监控系统

教学质量监控系统由学院（系）党政一把手负责的院级领导小组组成。通过制定一系列规章制度，激励广大教师开展教学工作，负责组织学院（系）教育教学建设委员会委员、教学督导专家、管理人员及学院（系）聘请的其他人员，对教学工作各个环节进行质量巡查，开展高职教学工作状态监控，实施质量评估。

3. 教学质量实施系统

教学质量实施系统由教学副院长（主任）负责的教学质量保证系统组成，负责落实学院（系）教学工作的中心地位、落实授课教师教学任务、推进教学内容与课程体系改革、做好专业、课程、教材、现代化教学手段建设等工作；配合学院（系）完成对各教学环节教学工作的状态监控和质量评估。

4. 教学质量信息收集系统

由院（部、系）教学副院长（主任）负责的教学质量信息收集系统组成，包括教师评学、学生评教。通过各种方式，广泛收集各级各类人员和学生对教师课堂教学效果的评价意见；对教风学风建设、教学改革的有关建议；对实践教学环节，尤其是对毕业论文（设计）的意见和建议等。汇总、处理各类意见和建议，及时反馈给相关学院、授课教师、学生班级和学生管理部门等。

5. 教学质量信息反馈系统

由院（部、系）教学副院长（主任）负责反馈教学状态及质量测评结果，信息及时到位，问题、责任到人，发现问题限期整改。对于通过教学检查、质量抽查或其他渠道获取的教学信息，通过文件、报告、简报或校内媒体等方式及时发布给有关教学单位和部门，要召开教学信息反馈会，敦促教学问题尽快解决。

（五）教学质量监控的主要环节及实施要点

1. 专业建设

专业建设的主要监控点为人才培养目标，人才培养方案的制订、执行与调整，专业办学水平与特色，课程体系建设等方面。

2. 课程建设

课程建设的质量监控主要从建设目标、实施计划、课程师资梯队、特色创建、改革成效等方面进行评价。

3. 教学大纲的实施

教学大纲是进行教学管理、教师组织教学的主要依据。对教学计划、教学大纲实施情况的监控主要从课程安排情况、教学计划落实情况、实验课开设情况、实践环节的落实情况、教学大纲编写、教材选用、学生考试情况等方面进行评价。

4. 课堂教学

课堂教学是教学质量的核心环节。主要从课前准备、教学过程、课外作业与辅导、成绩考评等方面实施监控，包括备课是否充分、教案是否完整、教材是否恰当；讲授是否清晰、概念是否准确、内容是否更新、重点是否突出、是否启发思维、是否因材施教；课后作业与辅导是否到位；学生课程学习成绩考核是否科学、合理等。

5. 教材质量

对教材质量的监控主要从教材水平、使用效果等方面进行评价。

6. 实践教学

实践教学监控主要考核创新科研实验平台的内容与体系改革，实践计划、执行及效果。

7. 毕业设计（论文）

毕业设计（论文）监控主要从选题性质、难度、分量，开题、中期、答辩、综合训练度、指导教师资格与水平及精力投入，学生学习态度、实际能力、设计（论文）质量、规范度、基础理论与专业知识、学术水平等方面进行评价。

8. 教学效果

教学效果监控主要从讲授质量、教学方法运用、教学手段的使用，教书育人、因材施教、学生学习课程知识的情况，考核试题与评阅质量等方面进行过程监测和事后评价。

9. 教学改革

教学改革一方面着重于教学管理、教学内容与课程体系、人才培养模式、实践教学、文化素质教育等方面的改革成效；另一方面侧重于教学内容的改革、教学方法与手段的创新、多媒体课件的开发，争取教改项目的积极性、推出教研成果、编写并出版高质量的教材或教学参考书等方面。

二、强化教学督导工作的措施

教学质量是学校的生命线，加强教学管理，建立行之有效的评价与约束机制，构建合理的教学质量监控与保障体系，成为高职十分关注与亟待解决的重要工作，教学督导体制作为教学质量监控系统体系的重要子系统，也成为教学管理改革与发展的必然趋势。

教学督导是高职对教学质量监督、控制、评估、指导等一系列活动的总称，目前主要的工作方式是通过对教学活动全过程和教学管理进行检查、监督，掌握情况，总结经验，发现问题并及时分析指导，从而保证教学质量的提高。

（一）构建健全的督导制度体系

1. 确定合理的督导模式

随着新一轮高职学校教学工作合格评估的开展，学校应以促进教学质量的提高为重心，以发现问题为前提，以改革教学环节为途径，重新定位教学督导工作，重构与高职教学合格评估相结合的校、院二级督导管理机构，在二级学院成立院级督导小组，教学督导工作重心下移，进一步强化各学院的自我质量监控功能，充分调动二级学院的积极性，发挥各学科专家在各自专业方面的优势，使督导工作更有针对性与实效。

2. 健全教学督导体系

进一步明确督导人员的责、权、利，提高教学督导在质量监控体系中的地位和作用，强化其督导功能。

（二）督导与服务相"融合"

"导"是教学工作的重点内容，"督"是为了更有效地"导"，以"督"为辅，以"导"为主，两者相融合才能使"导"具体到位，"督"得到延伸和落实。督导人员要通过对教师工作的"督"，了解和掌握其不足，帮助他们解决教学中出现的问题，改革教学方法与手段，提高教学技能；督导人员要挖掘教师的潜能，帮助他们总结经验，养成个性化的教学风格。同时，校院两级管理部门要定期组织召开督导工作会议，听取建议，梳理信息，解决督导中存在的问题，帮助督导人员提高工作效率与督导水平，以便更好地服务教学工作。

（三）构建"三督一体"督导内容体系

教学督导的内容包括督教、督学和督管三个主要环节。督教是对教学环节的监督检查，大部分地方高职较重视督教，而督学和督管工作未得到体现。督学是对学生学习活动过程的检查与指导，学生是体现学校教学质量的载体，是教学督导的重要对象。督学的内

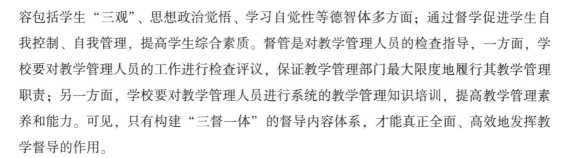

容包括学生"三观"、思想政治觉悟、学习自觉性等德智体多方面；通过督学促进学生自我控制、自我管理，提高学生综合素质。督管是对教学管理人员的检查指导，一方面，学校要对教学管理人员的工作进行检查评议，保证教学管理部门最大限度地履行其教学管理职责；另一方面，学校要对教学管理人员进行系统的教学管理知识培训，提高教学管理素养和能力。可见，只有构建"三督一体"的督导内容体系，才能真正全面、高效地发挥教学督导的作用。

（四）加强督导队伍的专业化建设

我国历来重视督导人员的整体素质，督导人员精通教育理论、教育管理与教学实践。建立一支专兼职相结合，专业、年龄结构合理，素质良好的督导队伍是高职教育教学改革与发展的需要，也是高职提高教学质量的必然要求。高职要加强督导队伍的专业化建设，加强督导队伍的专业结构优化，要求督导人员具有专业知识、专业技能和职业道德；建立有效的教学督导人员培训机制；明确其职责与职权；加强其理论与技术研究，提高督导工作水平。

综上所述，教学督导作为一项保证教学质量的有效手段，在教育决策的制定、教学管理的规范和教学质量的提升等方面发挥了积极的作用。高职的教学督导系统能否顺利构建及优质运行，其关键取决于是否具备一支高素质的督导队伍。

三、普通高等学校教学评估对质量保障与监控的考察

（一）教学工作水平评估考察要点

教学工作水平评估对质量监控的考察包括3个主要观测点，分别从教学规章制度的建设与执行、各主要教学环节的质量标准和教学质量监控三方面进行考察，质量监控为重要指标。

（二）"教学规章制度的建设与执行"考察要点

学校教学规章制度的建设和教学管理文件要完善，学校文件要体现先进的教学思想，积极采用先进的管理技术，采取措施确保各项规章制度的执行。

（三）"各主要教学环节的质量标准"考察要点

学校要制订各个环节的质量标准，没有质量标准就无法评价各教学环节的质量，教学

质量是多层面、多样化的。主要教学环节包括理论教学、实践教学（实验、实习、社会实践、课程设计、毕业论文或设计等）。质量标准是为达到目标、水平和要求而制订的规范性文件。标准应具有目的性、规范性、可操作性。质量标准要符合学校的定位、人才培养目标和规格。课程建设、专业建设也都应有相应的质量标准，教师的教学工作也应有相应的工作规范。考核时除要求提供一系列质量标准文件外，还要考核标准的执行情况。

（四）"教学质量监控"考察要点

建立自我完善、自我约束的教学质量（含实践教学）监控与保障体系是教学质量控制的重要保证。教学质量监控与保障体系包括六个环节，一是要确定目标，二是要建立各个教学环节的质量标准，三是信息与收集（包括统计、检测），四是评估（建立学校评估机制），五是信息的反馈（收集的信息要反馈），六是调控。这几个环节构成教学质量监控体系。

特别强调了毕业设计（论文）环节的规章制度，包括毕业设计（论文）所要达到的教学目的、选题原则、指导教师的资格等，要体现不同专业特点的质量标准、评分标准、答辩成绩等。

考察内容：教学检查与评估的材料，教学督导、领导干部听课制度、听课记录，每年有关教学通报及处分决定等。

（五）教学工作合格评估考察要点

1."规章制度"考察要点

规章制度重点考察教学管理文件的完备性，教学基本文件（教学计划、教学大纲、学期进程计划、教学日历、课程等）制定的科学性，教学管理流程的清晰性，教学运行的有序性，执行制度的严格性和有效性。

2."质量控制"考察要点

质量控制主要考察教学质量监控体系的六个环节：①培养目标的确定；②各个教学环节的质量标准的建立；③教学信息的收集（包括统计、检测）；④学校自我评估制度的建立；⑤信息的反馈（收集的信息要反馈）；⑥调控。重点考察教学质量监控的组织机构、队伍构成、监控措施，信息处理和反馈通道，考察中可以查阅教学检查原始资料及学校教学年度质量报告等。

（六）教学工作审核评估考察要点

1．"教学质量保障体系"考察要点

该部分包含四个审核要点，建设时应注重确定人才培养目标和质量标准，有相应人、财、物的保障，有组织保障机构，有效开展自我评估和质量监控，及时收集教学信息，及时反馈信息，调节改进工作。考察时第一关注学校是否建立了科学合理的各专业人才培养方案，是否建立了理论教学、实验教学、实习实训、毕业设计、考核等各主要教学环节的质量标准。第二关注学校是否有质量保障的组织机构，是否有满足要求的质量管理队伍。第三关注学校是否建立了完善的教学管理制度，并有效落实。

2．"质量监控"考察要点

质量监控是质量保障体系最重要的内容之一，考察时要关注学校是否建立了完善的教学质量管理制度和教学质量监控机制，对主要教学环节的教学质量实施了有效监控；是否建立了一支高水平的教学督导队伍，对日常教学工作进行检查、监督和指导；是否建立了完善的评教、评学制度；是否定期围绕人才培养工作开展自我评估，包括课程评估、专业评估和学校二级学院（系）评估等，特别是教师和学生对教学工作的评价，注重学生学习效果和教学资源使用效率的评价，注重用人单位对人才培养质量的评价。让二级院系和每位教师知道制度，充分发挥制度的作用。建立激励机制以调动广大教师内在的教书育人的积极性才能提高质量，在规范制度建设与实施的基础上，重点关注激励制度的建设与实施。

3．"质量信息及利用"考察要点

质量信息及利用包括三个考察要点：校内教学基本状态数据库建设情况，质量信息统计、分析、反馈机制，质量信息公开及年度质量报告。质量信息的统计、分析与反馈是质量保障体系有效运行的重要保证。该要素重点考察学校校内教学基本状态数据库的建立，教学状态信息定期更新情况；常态监控信息和自我评估信息的统计分析，分析结果反馈和工作改进情况。

4．"质量改进"考察要点

质量改进含两个考察要点：质量改进的途径与方法和质量改进的效果与评价。

质量改进是针对目前教学质量存在的主要问题、薄弱环节和未来可能出现的问题，采取有效的措施纠正与预防，实现持续改进质量的目的，质量改进是教学质量保障体系的重要环节。重点考察学校是否有负责质量监控的组织机构，推动改进工作；是否有经费和政策保障质量；是否有推进质量改进的途径和有效方法，使改进工作得以落实，使质量保障体系能够完整有效地运行，形成质量保障的长效机制。

第六章　高职教师的管理

第一节　高职教师职业的性质与特点

教育是一种特殊的生产部门，教师是特殊的脑力劳动者。作为高职教师，其职业性质具有普通教师职业的共性，同时又因为他们的劳动对象是身心发展趋于成熟、具备一定专业知识基础的学生，劳动产品是社会需要的各类高级专门人才，高职教师职业又具有其特殊性。

一、教师职业的起源

"教师"二字起源于拉丁文 lacultas，意即能力、天赋、权力或权威，即把当教师的人视作很聪明、有天赋、有能力的，在社会上有地位、有权威、受人敬仰。中国古人非常尊重教师，教师的地位很高，把教师放在第五位。孔子曾经说过："一个国家'立国'的三个要素是人口兴旺、经济富裕、教育发达"，即把教育作为"立国"的一大支柱。而教育的任务是教师担当的，因此教师是"立国"之本。也就是说，是否尊重教师、重视教师的作用，直接关系到一个国家的兴旺和衰败。

教师成为专门的职业是有一个漫长的发展过程的。如同教育是社会发展的产物一样，教师也是社会发展的产物，是社会教育发展的产物。

从原始社会开始就有教育活动，但当时主要是家庭教育，家长教子女如何种植和采集野果，如何捕鱼猎兽，如何生活、生存。教师就是家长、长老，即"长者为师，能者为师"。

二、高职教师职业的性质

科教兴国，教育为本；教育大计，教师为本。教育以育人为本，以学生为中心；办学以人才为本，以教师为主体，两者相辅相成，但教师在教育和教学中处于主导地位。

教师是一种特殊的职业、特殊的岗位，是与工人、农民、工程师、医生、企业家、科学家、艺术家等有着不同性质、不同任务的职业。

从职业对象来说，教师面对的不是无生命的物质，而是活生生的人，是正在成长中的儿童、青少年。人是有思维的、动态的、变化的，人的差异性很大，从幼儿到大学生有差异，不同地区的学生、不同家庭背景的学生有很大差异，学生从小受到的影响、教育程度有差异。因此，教师要把知识、技能、道德观念、价值观念传授给学生，要因人而异，因材施教，要从不同学生的身心特点出发，通过教育教学活动促进每个学生进步，难度很大。这种面对有生命的人的工作，使教师必须有特殊的本领和能力。好的教师能促进学生成长、成才；平庸的教师则阻碍学生的成长。可见，教师对人的成长有重要的作用。

从职业的任务来说，教师不仅要教书，而且要育人。教师要根据不同年龄、不同学段的学生特点，把知识、技能传授给他们，把自己拥有的知识，通过教学活动，内化为学生头脑中的知识。由于学生是千差万别的，要让他们接受知识，要调动和激励学生的学习积极性，教师必须有高超的教学能力和教学艺术。教师还要担任"育人"工作。

从职业的内容来说，教师不仅要传授知识和技能，而且还要培养学生的思维力、创造力。传统的教育是以"知识为本"，以教师为中心、教材为中心、教室为中心，主要立足于知识的灌输与传授；而现代教育强调培养学生的能力，尤其是思维力、创造力。因此，教师在教育教学过程中，在课堂教学上要把培养、激发学生的思维力、创造力作为重要任务，如开展问题教学和探究式、研讨式教学。在教学中，让学生讨论，让学生收集资料，让学生体验知识的产生过程，让学生参加实践活动。教师不仅要向学生教授知识，更要教会学生掌握学习方法。教师的教学内容有三个阶段：从教会知识到教会学习；从学会学习到学会思考；从学会思考到学会创造。

从教师的工作方式来说，教师要提高教学效果离不开教学工具，如粉笔、黑板、幻灯等。现代教育要用电脑、PPT、多媒体教学，更主要的是要靠教师自己的知识、智慧、教学艺术、人格魅力。教师要把先进的文化和正确的人生观、价值观传授给学生，自己必须有高度的理论修养和文化修养，因为有理想的教师才能讲理想，有文化的教师才能讲文化。教师的一言一行，教师的品德和人格对学生起着榜样的作用。平时讲的教师要"学高身正"，就是说不仅要学问好，而且要人品好，要以身作则。教师的工作方式是靠个人的智力、能力和魅力，集中体现在教育教学过程中，这样才能产生好的教育教学效果。

从最终目的看，教师不仅向学生传授知识，培育学生能力，使他们将来走向社会、走向工作岗位时，具备一定的知识结构和技能，而且更重要的是还要教会学生做人，成为一个爱祖国、爱人民的人，有高度责任心、事业心的人，有奉献精神和团队精神的人。教师不仅要教会学生知识，而且要教会学生学习，具有吸收信息和运用信息的能力。总之，教师要树立全面育人、全程育人、全员育人的理念，并付诸教学教育实践。

三、高职教师职业的特点

在现代社会，教师不是人人都可以做的，而是一种专业。早在 20 世纪 60 年代中期，联合国教科文组织和国际劳工组织就强调教师的专业性质，提出"教学应被视为专业"。《中华人民共和国教育法》也规定："教师是履行教育教学职责的专业人员。"20 世纪 90 年代中期，我国建立了教师资格证书制度，这是国家对教师实行的特定的职业许可制度。教师资格包括四方面条件：中国公民身份、思想品德条件、学历条件、教育教学能力。实施教师资格证书制度是教师职业走向专业化的必要步骤，体现了教师职业的专业性和不可替代性。只有通过严格选拔的人，才能取得教师资格、担任教师工作，这样有利于提高教师的社会地位，增强教师职业的吸引力。实行教师资格制度，还有利于吸引非师范专业及社会上各方面优秀人才加入教师队伍，形成多元化的教师培养制度。

教师职业的特点主要体现在以下五个方面：

（一）教师职业的学术性和专业性

学术职业是以专门知识为中介的一种特殊类型的职业，从事的是专门的教学、研究和知识服务工作。专门化的知识是学术职业的基础。学术性的主要特点是教师对某一学科领域从事独立研究，有个人独立见解，教师可以充分发表个人的研究成果，而不受干扰和约束。专业性有两方面的含义：一是指教师是专门的职业，就像医生、律师、会计等一样，别人不可以替代；二是指从事某一专业教学和研究，如数学教师、物理教师、语文教师、外语教师等。无论是中学还是大学，都要对学生进行各学科专业方面的教学，因此有各学科专业方面的教师。有的教师从事基础课教学，有的教师从事专业课教学，每个教师都有自己的专业课，是这一领域的专家。他们要熟悉专业知识并能传授给学生，而且要有与该专业相关的知识，要及时掌握该专业领域的最新发展。教师为了搞好教学工作，不能仅依靠课本知识，照本宣科，还必须进行研究、探索，把自己研究的成果，内化为自己的知识传授给学生。教师要把教学与科研结合起来，要对自己所教的专业知识进行研究，并积极开展科研活动，接受和承担科研项目。教师还要带领学生一起开展研究。总之，教师不能光做教书匠，还要做学问家、科学家。

（二）脑力劳动的复杂性和艰苦性

教师的劳动是塑造人的劳动，是从事劳动力再生产、科学知识再生产和社会成员再生产的一种特殊劳动。教师每天面对的是学生，学生的复杂性、多样性、多变性决定了教师劳动的复杂性和艰苦性。要使每个不同的学生都能受到教育，都能有提高、有进步、有发展，不是一件轻而易举的事情。教师向学生传授知识，要让不同的学生接受知识，也不是一件轻而易举的事情。知识的无穷性、交叉性、复合性也决定了脑力劳动的复杂性和艰苦性。脑力劳动不像在工厂里按一定的程序、规划、图纸、模型进行操作即可，而是要靠自己的再思考、再加工、再创造。教师要上好课，不可能靠一个教学大纲、一个教案就能解决所有问题。教师要有广博的知识，高超的思维能力、应变能力，才能及时处理好在教学过程、育人过程中遇到的各种不同问题。

（三）教师工作的创造性和灵活性

教师从事的是创造性的个体劳动，他们要向学生传授课本知识、专业知识，对学生进行思想道德教育。如何把书本上的知识变成生动有趣的、学生容易接受和吸收的知识，必须有创造性和灵活性。教师在教学中要旁征博引、举一反三、幽默风趣、引人入胜，要能够理论联系实际，善于应用现实生活中的材料。高等学校是知识传播、应用和创新的主要基地，又是培育创新人才的重要摇篮。高职的创新主要依赖于教师的创新精神和创造性的工作。教师不仅要在传授知识的过程中有创新和创造，而且要引导学生去创新和创造。如引导学生探索未知领域，引导学生独立思考，独创性地解决问题，尊重学生的独立见解，鼓励学生超过老师。

（四）教师职业的独立性和自由性

教师职业是教师独立完成的，如独立教学、独立研究、对学生负有独立的责任，同时每个教师还具有独立人格。教师职业的独立性体现在教学独立、研究独立、责任独立。教师在教学过程中，尽管有教学计划、教学大纲，有规定的课程、教材，但都要通过教师独立思考、独立操作，教师的研究和教学是自由的，教师也可以自由流动，从而促进学术的交流。

（五）为人师表的示范性和榜样性

教师是直面学生进行"传道、授业、解惑"的，要让学生接受教育、增强接受度，教师除了要有丰富的知识和教学技能外，还要有人格魅力。孔子说过，"其身正，不令而行；其身不正，虽令不从。""不能正其身，如正人何？"教师要用自己的行为为学生做示范、做榜样，才能起到好的教育效果。学生不仅要听教师是怎么说的，还要看教师是怎么做的，无声的语言，有时比有声的语言效果更好。教师的言行、仪表、风度、气质都对学生有很大的影响，具有潜移默化的作用。因此，教师必须时时处处严于律己，以自己的高尚品德、健康心灵、治学精神感染学生、教育学生。

第二节　高职教师的职责和基本要求

高职教师是学校的主体力量，是办好高等学校的关键。培养高级专门人才、促进社会经济文化的发展是高等学校教师肩负的重任，他们通过传承、发展和创造人类科学技术文化知识推动着社会的进步。

一、高职教师的作用和任务

（一）高职教师的权利

职业的社会权利是指某一职业的从业人员在履行职责时所享有的各项权利。职业从业人员享有的社会权利的范围、程度与该职业社会地位的高低密切相关。教师享有的社会权利，除一般的公民权利外，主要是职业本身所赋予的专业方面的权利，包括在遵守有关法律和规定的基础上的教育教学、科学研究、学术交流等方面的自由和自主权。

《中华人民共和国教师法》规定，教师享有下列权利：进行教育教学活动，开展教育教学改革和实验；从事科学研究、学术交流，参加专业的学术团体，在学术活动中充分发表意见；指导学生的学习和发展，评定学生的品行和学业成绩；按时获取工资报酬，享受国家规定的福利待遇以及寒暑假期的带薪休假；对学校教育教学、管理工作和教育行政部门的工作提出意见和建议，通过教职工代表大会或者其他形式，参与学校的民主管理；参加进修或者其他方式的培养。

（二）高职教师的作用

高职教师的作用一是表现在对高级专门人才的培养上。高职教师通过继承、传播、发展和创造人类科学文化技术知识，来培养各类高级专门人才，促进社会经济文化的发展。国家综合实力的提高、社会的整体进步要依靠科技生产力水平的提高，科技的发展在很大程度上又取决于高职教育培养人才的数量和质量，即"科教兴国"，而高级专门人才的质量又取决于高职教师作用的发挥。高职教师在培养高级人才的过程中，不仅要传授知识，而且要帮助引导学生树立正确的世界观和人生观，培养学生高尚的道德品质和情操，塑造美好的心灵。

高职教师的作用二是表现在对人类科技文化的传承与创造上。高职教师在培养高级专门人才的同时，还承担着传承、创造人类科技文化的历史使命。高职教师通过多种形式，如学术交流、科学研究、论文著作等，继承、传播、创造着人类科学技术文化知识。高职教师还利用自身丰富的知识积累和本学科领域的科研优势，参与国家和地方的科研项目，为社会提供科技服务，制造科研产品，直接参与社会物质财富的生产、创造，并通过社会活动，传播精神文明成果，促进精神文明的发展。

（三）高职教师的任务

高职的基本职能一般有三种：培养人才、发展科学、为社会服务。高职要完成这三种职能，主要通过教师的工作来实现。因此，高职教师的任务主要有以下几个方面：

1. 教书育人的任务

每个教师都应积极承担教学工作，认真搞好教学，努力提高教学质量，完成教书育人的任务，这是不言而喻的。高职教师要根据专业设置、培养目标的要求，并遵循大学生身心发展的规律，认真钻研教材，精心组织教学，在传授知识、发展学生智能的同时，还要对学生进行思想品德教育，帮助、引导学生树立正确的人生观和价值观，以培养出全面发展的、高素质的社会主义建设人才。

2. 科学研究的任务

高职教师要通过科学研究，不断提高自己的学术水平，掌握科学研究的规律和治学的方法，从而丰富、更新教学内容，有效地指导学生从事科学研究工作，培养学生的科研能力。同时，教师通过科学研究，可以站在本专业领域的前沿，使自己的研究成果在本学科处于领先地位，从而促进学科发展和专业的改造。因此，高职教师必须把教学与科研更加紧密地结合起来，互相促进，相得益彰，把科学研究当作自己应有的职责。

3. 为社会服务的任务

高职的现代化和开放性，使得它与社会经济发展、科技进步有着越来越密切的联系。教育尤其是高职教育作为一项产业，应该充分发挥其对社会的服务功能。高职教师应该利用自身的丰富知识和科研优势，通过学术报告、科技咨询、培训人才等多种形式为社会服务，创造物质财富和精神财富。在为社会服务的过程中，教师又可以更深入地了解社会对人才培养的要求和对高职科研方向的需求，更好地提高教学和科研水平。

二、高职教师的职责

我国高职教师的职称分为助教、讲师、副教授、教授四级。20 世纪 80 年代中期，中央职称改革工作领导小组转发的《高等学校教师职务试行条例》对各级教师的职责做了如下规定：

（一）助教的职责

①承担课程的辅导、答疑、批改作业、辅导课、实验课、实习课、组织课堂讨论等教学工作，经批准，担任某些课程的部分或全部讲课工作，协助指导毕业论文、毕业设计。②参加实验室建设，组织和指导生产实习、社会调查等方面的工作。③担任学生的思想政治工作或教学、科学研究等方面的管理工作。④参加教学法研究或科学研究、技术开发、社会服务及其他科学技术工作。

（二）讲师的职责

①系统担任一门或一门以上课程的讲授工作，组织课堂讨论，指导实习、社会调查，指导毕业论文、毕业设计。②担任实验室的建设工作，组织和指导实验教学工作，编写实验课教材及实验指导书。③参加科学研究、技术开发、社会服务及其他科学技术工作，参加教学法研究，参加编写、审议教材和教学参考书。④根据工作需要协助教授、副教授指导研究生、进修教师等。⑤担任学生的思想政治工作或教学、科学研究等方面的管理工作。⑥根据工作需要，担任辅导、答疑、批改作业、辅导课、实验课和指导学生进行科学技术工作等教学工作。

（三）副教授的职责

①担任一门主干基础课或者两门或两门以上课程的讲授工作（其中一门应为基础课，

包括专业基础课或技术基础课），组织课堂讨论，指导实习、社会调查，指导毕业论文、毕业设计。②掌握本学科范围内的学术发展动态，参加学术活动并提出学术报告，参加科学研究、技术开发、社会服务及其他科学技术工作，根据需要，担任科学研究课题负责人，负责或参加审阅学术论文。③主持或参加编写、审议新教材和教学参考书，主持或参加教学法研究。④指导实验室的建设、设计，革新实验手段或充实新的实验内容。⑤根据需要，指导硕士研究生，协助教授指导博士研究生，指导进修教师。⑥担任学生的思想政治工作或教学、科学研究等方面的管理工作。⑦根据工作需要，担任辅导、答疑、批改作业、辅导课、实验课、实习课等教学工作。

（四）教授的职责

除担任副教授职责范围的工作外，应承担比副教授职责要求更高的工作。领导本学科教学、科学研究工作，根据需要并通过评审确认后指导博士研究生。

三、高职教师的基本要求

面临世界多极化、经济全球化的挑战，面临国内改革发展关键阶段，学科之间不断交叉融合，课程内容日益复杂，教学技术手段不断更新，教育对象不断变化，对象的层次不断扩大，这些都对高职教师提出了更高的要求。必须"严格教师资质，提升教师素质，努力造就一支师德高尚、业务精湛、结构合理、充满活力的高素质专业化教师队伍"。具体来说，对高职教师的基本要求有以下几条：

（一）要有正确的政治方向，忠诚于社会主义教育事业

高职教师必须热爱祖国，热爱党，热爱社会主义，拥护党的基本路线，坚持四项基本原则，树立科学的世界观和方法论，在教学过程中能自觉运用马列主义的立场、观点、方法分析问题和解决问题，引导学生正确认识世界，要忠诚、热爱教育事业，不论遇到什么困难，始终站在教育第一线，全面贯彻党的教育方针，为办好高职教育贡献力量。

（二）要热爱学生，做好教书育人工作

高职教师面对的学生来源不同、层次不同，这就要求教师要遵循学生身心发展的规律对学生施加影响，诲人不倦，为人师表。在向学生传授知识的同时，更要注意用热情、友爱的情感感染学生，关心学生，对学生进行全面的指导。"要增强教书育人的责任感和使

命感。教师要关爱学生，严谨笃学，淡泊名利，自尊自律，以人格魅力和学识魅力教育感染学生，做学生健康成长的指导者和引路人。"

（三）要具有渊博的知识面，精通自己所教的专业或学科

在信息时代的今天，知识的膨胀、信息的充斥、网络的普及对高职教师所应具备知识的深度和广度都提出了更高的要求。教师除了具有广博的文化素养外，还必须精通自己所教的学科或专业，具有更扎实、更系统、更完整、更高深的专业基础和专业知识，并结合科研及时了解本专业的新成果和发展趋势，以适应变化的时代。此外，高职教师还应了解相关学科的知识。现代科学的整体性、渗透性越来越强，知识的综合性越来越显著，许多学科出现了"你中有我、我中有你"的趋势，作为高等学校的教师，更应该做到基础知识"厚"，专业面"宽"。

（四）要有合理的能力结构

合理的能力结构是教师完成教学、科研任务的必要前提，作为专门职业的现代教师必须具备以下能力：

1. 表达能力

表达能力包括口头表达能力和书面表达能力。教师的表达能力直接影响着教师教学和科研的效果。现代社会要求教师在口头表达方面，能流利大方、感情丰富地传达信息，使学生在接受知识的同时得到美的享受；在书面表达方面，要求教师能准确无误、清晰明了地表达自己的思想。

2. 学习能力

教育界有一句俗语，"要给学生一杯水，教师必须有一桶水"，而且这"一桶水"还必须永远是新鲜的、流动的活水，只有这样，教师才能适应知识爆炸、信息激增的现代社会的要求。"未来的文盲不再是不识字的人，而是没有学会怎样学习的人。"因此，教师必须具备良好的学习能力，能结合自己的需要，运用现代信息技术，不断更新知识，调整自己的知识结构，使自己成为终身学习的典范。

3. 科研能力

现代教师不能满足于做一个"教书匠"，而要成为科研型教师。教师在进行科研活动时，一方面可以根据社会发展的需要，选择自己力所能及的课题进行研究；另一方面也可以针对教育教学过程中遇到的实际问题，结合教育教学理论进行研究和思考，提出解决问

题的办法。

4. 创造性的教育能力

教育是一门科学，也是一门艺术，而艺术的生命在于创造。教师在教育过程中不能满足于做一个现有知识的传播者，要敢于突破、有所创新，努力做一个新科学文化知识的创造者。在教学过程中，要充分认识教育对象的身心特点，积极改进教学内容和教学方法，启发学生的创造性思维，做到常教常新、教以致用。

5. 驾驭现代教育技术的能力

计算机、多媒体作为重要的辅助教学手段被引入课堂之后，教学过程变得更加生动形象、丰富多彩，教学效率大大提高。目前，我国大多数高职技术硬件设施已初具规模，并已连成校园网，因此驾驭现代教育技术的能力是教师能力结构中的一个重要组成部分。

第三节　高职教师应具备的素质

一、高职教师应具备的现代教育观

（一）全面发展的教育观

现代大学的培养目标是德、智、体、美、劳全面发展的具有创新精神和实践能力的高级专门人才。为此，教师必须树立全面的教育观，对学生实施包括德育、智育、体育、美育等在内的全面发展教育，把育人为本作为教育工作的根本要求。要以学生为主体，以教师为主导，充分发挥学生的主动性。要以学生为中心，因材施教，促进每个学生主动地、生动活泼地发展。教师在教育教学过程中不仅要重视智育，更要重视德育，还要加强体育、美育、劳动技术教育和社会实践，使诸方面教育相互渗透、协调发展，促进学生的全面发展和健康成长。树立全面的教育观，具体到实际的教育教学实践中，就是要坚持以人为本，全面实施素质教育，全方位地提高学生的综合素质。从根本上说，素质教育与全面发展教育实质上是一个问题，人的素质的提高也就是人德、智、体、美、劳等的全面发展。全面发展教育是从总体上把握人的培养和教育，而素质教育则是全面发展教育的具体体现。

（二）以学生为本的民主观

教师的学生观决定着教师的教育态度及相应的教育方式，支配着教师的教学行为，并进而影响到教育教学的实际效果。以学生为本的民主观主要体现在三个方面。第一，承认学生的权利，承认学生与教师在人格上是平等的，承认学生与教师一样具有某些神圣不可侵犯的权利，尊重学生的人格尊严，不对学生实施体罚、变相体罚或者其他侮辱人格尊严的行为；第二，尊重学生，平等地对待学生；第三，以有利于学生的发展作为教师工作的出发点和根本目的。只有承认学生的权利，教师才有可能真正平等地对待学生，只有平等地对待学生，才有可能真正地促进学生的全面发展。当然，尊重学生、平等地对待学生，并不等于无原则地迁就、放纵学生，相反，还要严格要求学生。

（三）个性化的教学观

传统教育往往强调整齐划一，由教师根据班级中等程度学生的情况来设计教学内容、教学方法、教学进度，用统一的教学内容、同样的教学方法、统一的教学进度来对全班学生进行教学，结果抹杀了学生的独特性，使本来应当具有丰富个性的人变成了一个个大致相同的"标准件"。

现代教育强调发展学生的个性，要求教师树立个性化的教学观，根据学生的不同才能、兴趣和爱好，施以不同的教育，为学生提供自由，允许学生根据自己的实际跨专业、跨学科选修若干课程，为学生个性的发展创造充分的条件，使每个学生的个性都得到充分、自由的发展。这里所强调的发展学生个性与前面所说的全面发展并不矛盾。正如马克思所说，即使在一定的社会关系中，每一个人都能成为出色的画家，但是这也绝不排除使他成为一个别具一格的画家的可能性。全面发展绝不是用一个标准的尺度去要求和培养全体学生，而是为学生个性自由、全面的发展提供无限的可能性。

二、高等学校教师应具备的教学理念

传统的教育观念在教学上主要表现在五个方面：

在教学的指导思想上，以知识为主，而不是以人的全面素质提高为本。

在教学模式上，是刚性的而不是弹性的教学计划，学生没有学习的选择权和自主权。

在教学内容上，存在繁、难、窄、旧的弊端，人文教育薄弱。

在教学方法上，存在单向的灌输式教育，以教师、教材、教室为中心。在考试内容上，以考记忆性的知识为主。

现代教育理念是与市场经济、改革开放、现代化建设相适应的教育观念。现代教师要从以下几个方面转变教育观念：

（一）在培养目标上，从重育才向重育人转变

首先要改变片面的人才观。不少人认为"人才"就是指个人的知识和才能，因此把主要精力和时间放在传授知识、培养能力上面。仅注重"为何而生"的教育，而忽视了"如何做人"的教育，放松了对思想品德以及身体素质、心理素质方面的培养。学校教育必须注重对学生进行"为何而生""如何做人"的教育，树立德育为先、以人为本的教育观和人才观。以人为本是指以学生全面素质提高、全面发展为本。

（二）在教学目的上，从重传授知识向重培养能力转变

我国的教育长期以来有重理论轻实践的倾向。从中学到大学，学生学了许多书本知识，但理论脱离实际的情况严重，学生实践很少，学习能力、动手能力、社交能力较差。传统的教育主要关注向学生灌输多少知识，关注考分的高低；现代教育理念要从关注"育分"转到关注"育能"。素质教育的重点是培养学生的创新精神和实践能力。

（三）从重结论性知识向重方法性、价值性知识转变

在教学内容上，从繁、难、窄、旧向精、复、宽、新转变，从重结论性知识向重方法性、价值性知识转变。在计划经济体制下，实行的是高度集中统一管理，学校的教材是全国或全省（自治区、直辖市）统一编写的，教材内容往往跟不上社会发展和学生发展的需求。在教学内容上，现代社会知识激增，科学技术越来越向多学科相互交叉、融合的方向发展，因此在教学内容上要精一些，知识面要宽一些，要给学生复合性的知识、新的知识、人文素养的知识。要向学生传授并让学生体验知识产生的过程，介绍知识的价值，激起学生的学习兴趣和对知识的热爱。

（四）在师生角色上

从教师中心论向学生中心论转变，树立教师、学生双主体观。长期以来，学校以教师为中心，学生围绕教师转，学生是被动地接受教育的客体，教师完全根据教材内容、根据自己现有的知识向学生传授。教师有什么讲什么，教师讲什么学生听什么。教师面对全体

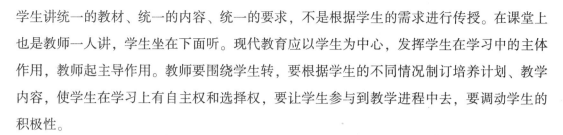

学生讲统一的教材、统一的内容、统一的要求，不是根据学生的需求进行传授。在课堂上也是教师一人讲，学生坐在下面听。现代教育应以学生为中心，发挥学生在学习中的主体作用，教师起主导作用。教师要围绕学生转，要根据学生的不同情况制订培养计划、教学内容，使学生在学习上有自主权和选择权，要让学生参与到教学进程中去，要调动学生的积极性。

（五）在教学模式上

从刚性向弹性转变，把统一性与多样化、个性化教学结合起来。我国的教育受高度集权的计划经济体制影响很深，每个学生进校后，在事先设定好的统一的刚性教育模式中接受"铸造"。不管他喜欢不喜欢，不管他爱不爱学，都必须进入统一的"模具"中，学生的个性得不到张扬，尖子学生不能脱颖而出，学生的专特长得不到发挥，兴趣爱好得不到满足，无法做到因材施教。现代教育强调以人为本，就是要以每个学生为本，尊重他们的个性和专特长。学校应有多种教学模式，组建多种课程体系，开设大量选修课，让有不同需求、不同爱好的学生自己选择、自己组建知识结构。对少数尖子学生，在学完基础课以后可"计划单列"，另造"模具"，为他们配备导师，为他们单独制订教学计划，实施个性化的培养。

（六）在教学方法上

从单向性、封闭性向互动性、开放性转变。教学活动应是教师和学生双方互动的行为，但在"知识为本"的传统教育观念影响下，教师的主要职责是向学生传授知识，教学方法主要是灌输式的，教学以教师为中心，教学内容以教材为中心，教学的空间以教室为中心，学生只是带着耳朵去听，带着笔去记，或按照教师要求把书本上的重点用笔画出来，把双向的教学活动变成单向的教的活动。现代教育强调在教学上要激活课堂、激活学生，把学生当作课堂的主体，学生既是"听众"（观众），又是"演员"，教师要根据不同的教学内容、不同的教育对象，采取多种教学方法，把讲授式、研讨式、报告式、答题式、直观演示式、实验式等结合起来，充分调动学生的学习积极性。科学的教学方法是提高教学效率、提高学生学习能力的重要途径。

（七）在考试方式上

从考记忆性知识向考思维能力、创新能力转变。在"知识为本"的教育观念指导下，考查教与学的效果，主要看教师传授了多少知识，学生记住了多少知识，评价标准就是看考试分数。现代教育理念重视学生能力的发展，通过考试改革引导学生在学习能力、思维能力、创新能力方面的发展和提高。平时，学生获得知识可以通过多种渠道、多种方式，不能只考从课堂上学到的知识，也要考他们自学得到的、从实践中学到的知识。

三、高等学校教师应具备的身心素质

身心素质包括两个方面的内容：一是身体素质，二是心理素质。

良好的身体素质是其他素质发展的基础，身体素质是"皮"，其他素质是"毛"。"皮之不存，毛将焉附"非常形象地说明了身体素质与其他素质之间的辩证关系。

教师要积极参加各种体育活动，养成良好的体育锻炼习惯，以增强自身的身体素质。

教师的心理素质主要包括创新精神、协作精神、心理承受能力、坚强的意志和顽强的毅力、交际能力等。

（一）创新精神

创新是一个民族的灵魂，是国家兴旺发达的不竭动力。具有创新精神的高级专门人才的成长，受多方面因素的影响，但教师的素质尤其是创新精神和创新能力，对学生成长的影响更大，作用更直接。因此，现代大学要培养具有创新精神的高级专门人才，首先就要求教师有创新精神，不盲从，不守旧，锐意革新，勇于进取。

（二）协作精神

高职教师的主要任务是人才培养、科学研究和社会服务，它们都需要教师具有协作精神。从人才培养来说，学生的成长是教师集体共同劳动的结晶，需要全体教师在教育过程中互相协作，才能达到理想的教育效果。从科学研究来说，教师在探索新的领域时，光靠自己单个人的力量往往难以胜任，需要同事之间、同行之间进行校际乃至国际上的协作，才能共同攻克难关。即使是服务社会，往往也不是教师个人的事情，而是以教师群体的形式进行的。

（三）心理承受能力

随着市场经济体制的逐步建立，竞争机制被引入大学校园之中，教师面临着来自学校、同事、学生和家庭的多重压力。这就要求教师要有良好的心理承受能力，否则就会感

到紧张、焦虑、压抑、疲劳，不但不能胜任教育工作，甚至还会对自己的身心健康产生不利的影响。

（四）坚强的意志和顽强的毅力

由于现代教育和科研工作的复杂性，高职教师在具体的教学和科研工作中难免会遇到一些出人意料的失败和挫折。面对失败和挫折，教师不应满腹焦虑、意志消沉、灰心丧气、一蹶不振，而应冷静地分析失败的原因，认真总结失败的经验教训，变挫折为动力，以坚强的意志和顽强的毅力去克服困难、摆脱困境。

（五）交际能力

现代大学不再是与世隔绝的"象牙塔"，大学与社会之间的"围墙"已被打破，学校、家庭、社会之间已经连成一体，"教育社会化，社会教育化"已成为一种趋势。教师也不可能像以前那样整日埋首于书斋，而必须和各种各样的人进行交往，与学生、其他教师、家长、社区机构中的有关人员建立合作关系。这就要求教师必须具有一定的交际能力。

第四节　高职教师队伍的建设和发展

加强教师队伍建设是办好学校、提高教育质量的关键。一方面要提高教师地位，维护教师权益，改善教师待遇，使教师成为受人尊重的职业；另一方面要严格教师资质，提升教师素质，努力造就一支师德高尚、业务精湛、结构合理、充满活力的高素质专业化的教师队伍。提高教师素质，一是做好教师的培养培训工作，二是优化教师队伍的结构。

一、高等学校教师的培养与发展

教师的培养是一项长期的任务，为使培养工作取得实效，开展教师培养工作就必须遵循立足国内、在职为主、加强实践、多种形式并举的原则，对教师进行岗位培训、在职进修、重点培养，并加强对其实践能力的培养。根据需要，对不同年龄阶段的教师采取不同的培养途径和形式。

（一）培养的途径与形式

我国高职教师的培养有四条基本途径，即在职进修、脱产学习、实践锻炼、学术交流。目前高职培养教师普遍采用的形式有以下几种：

1. 岗前培训班

适用于帮助新教师熟悉本职工作的岗位职责，了解和掌握从事教师工作的基本知识。

2. 单科进修班

适用于帮助开设新课的教师提高相应的专业知识水平和教学能力。

3. 助教进修班、旁听研究生课、研究生班

主要用于解决青年教师低学历和任职资格条件等方面的问题，同时改善和提高教师的知识结构。

4. 知识讲座、讲习班、研讨班

这类形式适用于中年教师更新知识结构，扩大知识面。

5. 国内进修、专题研讨班

主要培养骨干教师和学术带头人。

6. 社会实践

帮助青年教师接触社会、了解社会，增加社会知识和实践经验。

改革开放以来，与国外的学术交流越来越频繁，教师出国培养的机会逐渐增多，其主要形式有攻读学位、从事博士后研究、担任出国访问学者、出国考察讲学、参加国际学术会议等。

（二）不同年龄阶段教师的培养与提高

教师的成长一般要经历知识结构调整与扩展阶段（参加工作初期）、独立工作积累经验阶段（第一阶段后的 4~5 年）、工作成熟创造发明阶段（30~50 岁）、知识经验总结阶段（55 岁以后）。不同年龄阶段的教师具有不同的身心发展特点和学术水平，培养与提高工作应针对这种差异采取不同的措施。

1. 青年教师的培养与提高

教师的成长需要一个比较长的过程，因此要尽快、尽早地对青年教师进行培养与提

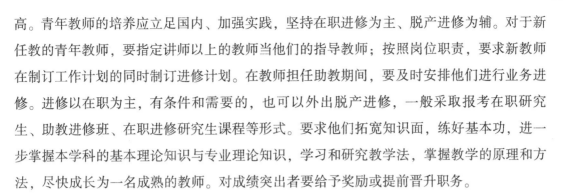

高。青年教师的培养应立足国内、加强实践，坚持在职进修为主、脱产进修为辅。对于新任教的青年教师，要指定讲师以上的教师当他们的指导教师；按照岗位职责，要求新教师在制订工作计划的同时制订进修计划。在教师担任助教期间，要及时安排他们进行业务进修。进修以在职为主，有条件和需要的，也可以外出脱产进修，一般采取报考在职研究生、助教进修班、在职进修研究生课程等形式。要求他们拓宽知识面，练好基本功，进一步掌握本学科的基本理论知识与专业理论知识，学习和研究教学法，掌握教学的原理和方法，尽快成长为一名成熟的教师。对成绩突出者要给予奖励或提前晋升职务。

2. 中年教师的提高

中年教师一般是具有讲师职称以上的教师。对他们的培养与提高，主要是分配给他们新的和重要的教学与科研任务，促使他们在教学与科研中做出成绩，从而得到锻炼，提高政治与业务水平。有条件和需要时，可以安排国内或出国进修，要求他们不断更新业务知识。提供良好的生活条件和工作环境，鼓励他们不断多出成果，成为教学与科研的骨干。

3. 老教师的提高

老教师一般已是教授或副教授，他们有丰富的教学和科研经验，但在科学技术迅猛发展的今天，仍需要在教学科研中不断提高。除了完成他们的岗位职责外，还要求他们指导中青年教师的成长。

(三) 学术骨干和学科带头人的培养与提高

培养一批高水平的学术骨干和学科带头人，是提高师资水平、办好高职的战略之举。

学术骨干应具备以下素质：①经过五年左右的时间，争取成为本学科学术带头人的中青年教师和少数拔尖的青年教师。②专业基础扎实，教学经验较丰富，教学水平较高。③科研能力较强，对本学科的某一方面有较深入的研究，有一定的科研成果。④治学态度严谨，学术思维活跃，勇于创新，对本学科的发展能提出有科学价值的创见，有一定的组织能力，能协同攻关。⑤能熟练地掌握和运用一门外语。

学科带头人应具备的素质有以下几个方面：①学术造诣深，理论基础雄厚，具有扎实的专业知识和丰富的实践经验，掌握与本学科有关的边缘学科知识和国内外学术发展动态，学术思维活跃，具有较强的国际学术交流水平。②教学、科研成果卓著，有达到国内先进水平的学术专著或学术论文，在国际、国内学术界具有一定的地位和影响。③治学态度严谨，能起到设计、组织和指导课题的作用。④有较强的科研管理和组织领导能力，热心培养中青年教师，具有带博士研究生的能力。⑤学术作风民主，具有团结协作的精神。

培养学术骨干和学科带头人，要从多个方面关心他们的成长，为他们创造和谐的学术环境，提供必需的图书设备和实验仪器，改善他们从事教学、科研的条件。对于骨干教师，主要通过工作实践来提高他们的水平，大胆起用新人，注意把他们安排在重要的学术岗位上，根据他们的实际情况安排参加重点科研项目或承担主要课程的讲授。要提高中青年尖子教师的知名度，大力扶植他们在学术上尽快成长。要把重点培养对象安排给学术造诣深的老专家、老教授当助手，以学习专业知识和治学方法，提高学术水平，培养科研能力。

对于学科带头人的培养措施有：设立科研基金，支持尖子教师在本学科领域的学术发展，使其能够站在本专业的前沿，研究成果在本学科中处于领先水平；建设各类访问学者和博士后等高层次人才培养基地，尽力让一批尖子教师在国内外崭露头角；组织多学科人员的高级研讨会、讨论班，通过学科交叉渗透的途径来产生新兴学科带头人。

二、高职学校教师队伍的结构优化

高职学校教师队伍的建设是办好高职学校的一项具有战略意义的大事。没有一支学科齐全、结构合理、政治和业务素质均比较好的教师队伍，是不可能办好大学的。因此，正确认识、了解和优化教师队伍的结构具有十分重要的意义。

教师队伍的结构是指教师整体构成的状态。教师队伍的结构在很大程度上反映着教师队伍的整体素质和适应能力。教师队伍的结构是否合理，直接影响着教师队伍整体作用的发挥，直接影响着高职教学与科研的整体质量。教师结构主要包括职务结构、学历结构、年龄结构、专业结构和学缘结构。

（一）职务结构

职务结构是指教师队伍内部各级职务的比例。高职教师的职务由高到低分别是教授、副教授、讲师、助教。高职教师的职务结构是衡量教师队伍业务能力和水平、反映教师队伍整体素质的一项重要标志。不同类型、不同基础、承担不同任务的教师，其师资队伍的职务结构是有差别的。就一所高职来说，随着学校教育事业的发展，教师队伍的职务结构也会发生变化。因此，高职教师队伍的职务结构怎样才合理，要依据高职的不同类型、不同基础、承担的不同任务而定。一般来讲，以培养研究生和科学研究为主的高职，其职务结构多为"倒金字塔形"，即教授、副教授等高级职务所占比例较大，这样才能适应高水平科学研究及教学的需要；对于教学与科研并重的高职，其职务结构往往为"卵形"，即中级职务——讲师所占的比例较大，而高级职务和初级职务所占的比例较小；对于以教学为主的专科学校而言，其职务结构最好是"金字塔形"，以加强教学的力量，避免高级职务教师过量，造成浪费。

从一所学校的教师职务结构到一个系、一个教研室的职务结构，都要依据不同的任务，综合分析，组成合理的结构，才能更好地适应教学与科研的要求。

（二）学历结构

学历结构指教师队伍最后学历的构成状况。它在一定程度上反映出教师队伍的业务素质，反映出教师的基础训练水平和教师发展的潜力。随着科学技术的发展和教育水平的提高，对教师的基础理论和科研能力的要求越来越高。一般来说，教师队伍中拥有高学历的比重越大，学校的科研、教学的潜力就越大，学术水平就越高。

一方面，要加快研究生培养的速度，为高职输送更多高学历的教师；另一方面，对于高职中不具备研究生学历的教师特别是青年教师，要求他们报考在职硕士生、博士生，或在职进修硕士学位、博士学位的主要课程。力争在不远的将来，高职教师都能达到硕士和博士的实际水平，以保证高职教学与科研的质量。

（三）年龄结构

高职教师的年龄结构是指教师队伍的年龄构成状况，主要包括教师队伍的平均年龄、各级职务教师的平均年龄、各年龄段教师人数比例等几个主要指标。高职教师从事的是创造性的脑力劳动，它比任何一种物质生产劳动都更需要旺盛的精力和创造力。人的一生只有在记忆力、理解力和体力都比较好的时期，才能表现出较好的创造力。因此，教师队伍的年龄结构在很大程度上反映了整个教师群体的教学、科研活动及其兴衰趋势。

（四）专业结构

专业结构是指教师队伍中各专业教师的比例状况。高职教师合理的专业结构应与社会的政治、经济、科学技术以及高职教育的发展相适应，应有利于完成学校的教学与科研任务，形成学校的办学特色，有利于边缘学科、新兴学科的发展。随着经济与科技的发展，社会对各级专门人才的需求有了变化，高职教师的专业结构已明显不能适应这一变化的要求，表现在：①伴随老专业的改造，一些教师难以适应转换专业的要求，出现部分教师相对过剩；②新专业的建设面临师资的严重不足；③同一专业中，基础课与专业课分离，对基础课重视不够，基础课教学师资力量薄弱。

因此，要顺应社会经济发展对宽专业、双专业、复合型人才需求的趋势，拓宽专业基础，打破学科、专业间的界限，选拔、培养具有宽厚专业基础和较强适应能力的专业教师。鼓励高职务、高水平的教师开设基础课，以培养出适应社会发展需要的各类专业人才。

（五）学缘结构

学缘结构是指高职教师来源的构成状况。为了防止和打破学术思想的沿袭守旧，加强不同学术风格和思想的交流与相互渗透，活跃思想，繁荣学术，教师队伍的学缘结构应该是"远缘杂交"。也就是说，一所高职的教师应来自五湖四海，尽量避免同一"源头"。我国高职教师队伍学缘结构存在的突出问题是"近亲繁殖"，它的弊端是多方面的。需要采取有效措施改变这种状况，在保持教师队伍相对稳定性和连续性的同时，加强与校外教学、科研、生产、管理等部门之间的人才交流，逐步扩大"外源"教师的比例，优化教师的学缘结构。

参考文献

［1］ 汪文娟，何龙，杨锐. 高职教育管理创新研究 ［M］. 北京：北京工业大学出版社，2018. 12.

［2］ 唐小兵. 高职干部教育培训项目管理研究 ［M］. 武汉：武汉大学出版社，2018. 04.

［3］ 俞莉莹. 高职素质教育管理与创新研究 ［M］. 北京/西安：世界图书出版公司，2018. 01.

［4］ 曹喜平，刘建军. 高职教育视域下高职人力资源管理研究 ［M］. 石家庄：河北人民出版社，2018. 10.

［5］ 张家莉. 法治理念下的高职学生教育管理创新 ［M］. 北京：九州出版社，2018. 12.

［6］ 洪柳. 创新创业教育视域下高职公共事业管理专业实践教学体系改革研究与探索 ［M］. 长春：吉林大学出版社，2018. 08.

［7］ 姜文晋，唐晶，李秀奇. 创新教育背景下高职公共体育创新路径和科学管理研究 ［M］. 徐州：中国矿业大学出版社，2018. 09.

［8］ 陈桂香. 基于大数据的高职教育管理研究 ［M］. 北京：科学出版社，2018. 12.

［9］ 马力. 新时期高职教育管理理论与实践 ［M］. 长春：吉林人民出版社，2018. 11.

［10］ 张晓蕾，司建平. 新时期高职教育管理创新研究 ［M］. 长春：吉林科学技术出版社，2018. 08.

［11］ 丁兵. 当代高职教育管理研究 ［M］. 西安：西北工业大学出版社，2019. 05.

［12］ 关洪海. 高职教育管理与创新实践研析 ［M］. 北京：冶金工业出版社，2019. 10.

［13］ 陈晔. 新时期高职教育管理实践研究 ［M］. 北京：现代出版社，2019. 10.

［14］ 王荔雯. 移动互联网时代高职教育管理模式改革与实践研究 ［M］. 北京：中国原子能出版社，2019. 01.

［15］ 林榕. 大数据背景下高职教育管理信息化发展与创新研究 ［M］. 长春：吉林大学出版社，2019. 03.

[16] 丁阿蓉. 高职教育管理与教师专业发展研究 ［M］. 长春：吉林出版集团股份有限公司, 2019. 08.

[17] 陈景桥. 地方性应用型本科高职教育管理机制优化与体系创新研究 ［M］. 北京：中国国际广播出版社, 2019. 12.

[18] 靳浩. 高职教育与教学管理 ［M］. 北京：北京工业大学出版社, 2019. 11.

[19] 沈金荣. 高职创新教育与创业管理 ［M］. 长春：吉林大学出版社, 2019. 10.

[20] 刘欢. 高职学生教育管理研究 ［M］. 长春：吉林大学出版社, 2019. 08.

[21] 郭晓雯. 高职教育教学管理创新发展研究 ［M］. 北京：北京工业大学出版社, 2019. 11.

[22] 沈永真. 高职教育与高职大学生教育管理建设研究 ［M］. 北京：中国纺织出版社有限公司, 2019. 10.

[23] 朱爱青. 素质教育背景下高职教学管理制度改革的研究 ［M］. 北京：中国纺织出版社, 2019. 05.

[24] 胡凌霞. 高职教育管理理念与思维创新 ［M］. 长春：吉林大学出版社, 2020. 08.

[25] 商应丽. 建构高职艺术教育管理的生成之维 ［M］. 长春：吉林大学出版社, 2020. 03.

[26] 宋丽萍. 新媒体环境下高职学生教育管理工作创新研究 ［M］. 长春：吉林大学出版社, 2020. 07.

[27] 丰晓芳, 魏晓楠, 陈晶. 高职教育管理研究 ［M］. 长春：吉林出版集团股份有限公司, 2020. 06.

[28] 陈民. 高职教育管理创新与实践 ［M］. 长春：东北师范大学出版社, 2020. 03.

[29] 解方文. 高职教育创新及其管理体系的建设 ［M］. 北京：经济管理出版社, 2020. 09.

[30] 刘娟. 高职管理与教育教学实践研究 ［M］. 长春：吉林教育出版社, 2020. 04.

[31] 刘艳. 融媒体下高职学生党员教育与管理 ［M］. 北京：中国原子能出版社, 2020. 09.

[32] 李玲. 高职学生管理工作创新研究 ［M］. 长春：吉林人民出版社, 2020. 01.

[33] 叶云霞. 高职人力资源管理与服务研究 ［M］. 长春：吉林大学出版社, 2020. 04.

[34] 大学英语教学管理激励机制探究. ［J］新课程教学, 2022（21）187–189.

[35] "创新教育" 理念下的高校教育管理研究 ［J］. 现代职业教育 2022（23）. 139–141.

［36］提高跨文化视角下的高校留学生管理研究［J］．才智，2020（26）151-152．

［37］基于中国英语能力等级量表的"学-诊-改"平台研究［J］校园英语 2018（42）72．

［38］新时期高校外国留学生管理策略的探讨［J］．文化创新比较研究，2018（08）133-134．